ハイタニがこっそり教える

目からウロコの
不動産・相続対策

改訂版

三菱UFJ信託銀行執行役員
トラストファイナンシャルプランナー　灰谷健司 編著
（1級ファイナンシャル・プランニング技能士）

株式会社きんざい

〈初版 はじめに〉
～不動産の活用、税金、分割（相続）について総合的に考えよう！～

　ここに1つの土地があります。この土地について不動産業者に聞けば、いくらぐらいで売れるかを教えてくれますし、ハウスメーカーに相談すれば、どんな建物を建てることができ、その事業収支はどのくらいかを計算してくれるでしょう。また、資金が足りなければ、銀行で貸してもらえるかもしれません。そして、税理士は、その土地の相続税評価額や相続税額についてアドバイスをしてくれますし、弁護士からは、相続で揉めないように遺言の作成を勧められることもあるでしょう。

　土地所有者、特に不動産を多く所有している人は、このようなアドバイスを受けながら、従来は個別の不動産に対して、その都度、不動産対策、相続対策を実行することが多かったのではないでしょうか。

　しかし、**本来はその土地を売ることと建物を建てることのどちらを選択すべきか、もしくはその他に良い方法はないのか、また、相続をする際に遺産を分けたり税金を少なくしたりするにはどうしたらよいのかということを総合的に考えるべきです**。さらに、その土地だけでなく、その人の所有しているすべての不動産、そして金融資産や借入金を含めた全財産についての運用、活用、承継（相続）を、ご本人の将来設計・思いやご家族の状況・気持ちなどを配慮した上で、トータルに考える必要があります。

　そこで、本書では、総合的な不動産対策や相続対策を立てるにあたっての方向性を考えるために参考になる事項を、信託銀行の幅広い業務や、著者の長年の経験とファイナンシャル・プランニング技能士の知識を活かし、総合対策、活用対策、税金対策、分割対策といったさまざまな面から、具体的な事例などを交えてわかりやすく説明しています。もちろん、実行に

あたっては、それぞれの専門家から個別にアドバイスを受けることが重要であることはいうまでもありません。

なお、本書の執筆にあたって、税理士法人山田＆パートナーズコンサルティング事業部の皆様からさまざまなアドバイスをいただいたことに感謝いたします。また、本書の出版は、三菱UFJ信託銀行執行役員リテール企画推進部長鈴木久美氏ほか上司、同僚の多大なる協力と、㈱きんざい田中弘道さんの熱意のおかげです。

編著者代表　三菱UFJ信託銀行　リテール企画推進部
灰谷　健司

＜改訂版　はじめに＞

このたび、平成27年1月からの相続税制の改正等を迎えるにあたり、改訂版を刊行することになりました。

相続、贈与等が関係する不動産の税金分野をはじめとして、平成21年の初版刊行当初の内容について修正や加筆をすべき箇所が生じたことから、これを機に一部を見直し、新しい法令・税制等を踏まえた内容に改訂することといたしました。なお、改訂版におきましても、主要テーマを見開きのページに掲載するという、初版からの読みやすさを大切にしたコンセプトは引き継いでいます。

初版の編著者代表である灰谷健司氏は、平成26年8月10日に逝去されました。ご冥福をお祈りするとともに、亡くなる直前まで本書の改訂作業をされ、そのおかげをもちまして本書を刊行できましたことに、この場を借りて心より御礼申し上げます。

株式会社きんざい
ファイナンシャル・プランナーズ・センター　編集部

補　足

■■■ 補足＜関連対策編の読み方＞

事例と各段階における事前・事後対策を読んだ後、より理解を深めるために、関連対策編に記載された項目（太線の通り）を読んでください。

事例1　アパートを分割できず共有で相続した

伊藤さんの場合

・駐車場の固定資産税負担を軽減したい
・相続税を少なくしたい

↓

預貯金をほとんど使わずに借入金で、駐車場にしている土地にアパートを建築した

↓

・伊藤さんの相続発生後、アパート建築のおかげで相続税が少なくなり、また預貯金で納税することができた
・しかし、アパートを平等に分けることができず、子どもたちは困ってしまった

↓

そこで、アパートを長男と二男で共有することにした

↓

・長男はアパートの管理が大変だろうと売ろうとしたが、二男が賃料収入を失くしたくないので売ることに反対したため、売ることができない

→　まだ間に合う（間に合った）
⇢　あの時こうすれば

事前・事後対策

①
・収益性の向上、固定資産税や相続税の軽減のために、複数戸のアパートや戸建賃貸住宅、メゾネット形式の住宅（縦割り区分所有住宅）を建てることにより、分割しやすくする。また、複数の賃貸建物を建てることにより、相続税評価額が下がる場合もある
・管理負担の軽減等を目的としてサブリースを活用する
・遺言を作成する

②
・伊藤さんの相続発生の際、アパートを売って売買代金を分けるか、代償分割によって長男がアパートを取得して、長男が二男にお金を渡す

③
・次の相続が発生する前に、早めに共有を解消する

📖 **関連対策編**
1-①なぜ土地を活用しないのか、1-⑨円滑な遺産分割対策、2-4-❶-❷建築計画（建物の用途）、2-4-❶-❸賃貸建物の管理、2-4-❶-❺定期借家、2-4-❶-❻サブリース（一括賃貸）、3-1-❶-❷土地と建物の相続税評価額、3-1-❶-❸宅地の評価単価、3-2-❶-①固定資産税、4-1-❶不動産の分割方法、参考知識13 区分所有建物

→ 3章　税金対策

2．不動産の保有＜①保有時の税金＞

① 固定資産税

基礎知識

固定資産税や都市計画税は、固定資産（土地、建物など）の所有者に対して課される税金であり、以下の通り計算されます。
○固定資産税
　　固定資産税の課税標準額×1.4%（標準税率）
○都市計画税
　　都市計画税の課税標準額×0.3%（制限税率）

なお、住宅用地については固定資産税、都市計画税を軽減する特例があります［図表 3-2-1］。

知識を活かす

固定資産税の課税標準額は原則として固定資産税評価額で、この評価額は基準年度（3年ごと）に決定し、原則として3年据え置かれます。

なお、固定資産税の評価額に対する税負担が地域や土地によって格差があるのは税の公平という面で問題があることから、この格差を解消していくための仕組みが導入されています。この仕組みは、負担水準（評価額に対する前年度課税標準額の割合）が低い土地については段階的に税負担を引き上げていくという仕組みです。これにより、評価替えで評価額が下がった土地であっても、負担水準が低かったものは、段階的に税負担が上昇することもあります［図表 3-2-2］。つまり、地価が下落しても固定資産税が安くなるとは限りません。

そこで、アパートなどの賃貸住宅を建築して有効利用すれば、収益を稼ぐことができるとともに、固定資産税の軽減の特例を活用することもできます。なお、小規模住宅用地の判定は、1戸当たり200m²のため、5戸あれば1,000m²までが該当することになります。

また、賃貸住宅を建築することによって所得税の計算上、固定資産税を経費に算入することができるようになります。

［図表 3-2-2］固定資産税評価額と課税標準額

（注）イメージ図であり、正確な金額ではありません。

［図表 3-2-1］固定資産税と都市計画税の軽減特例

	固定資産税	都市計画税
小規模住宅用地 （200m²/戸までの部分）	その年度の固定資産税評価額×1/6	その年度の固定資産税評価額×1/3
一般の住宅用地 （200m²/戸を超える部分）	その年度の固定資産税評価額×1/3	その年度の固定資産税評価額×2/3

目　次

Ⅰ　事例編

事例 1　アパートを分割できず共有で相続した …………………… 2
事例 2　納税資金が足りず相続税を延納した ……………………… 6
事例 3　貸宅地を物納できず他の不動産を売却した ……………… 12
事例 4　自宅の敷地に子どもの家を建てた ………………………… 16
事例 5　税金対策として収益不動産を購入した …………………… 22

Ⅱ　対策編

1章　総合対策
　① 地価の動向 ……………………………………………………… 32
　② なぜ土地を活用しないのか …………………………………… 36
　③ なぜ生前に売却しないのか …………………………………… 38
　④ なぜ遺言を書かないのか ……………………………………… 40
　⑤ 対策の手順・スケジュール …………………………………… 42
　⑥ 現状の把握・分析 ……………………………………………… 44
　⑦ 財産3分法、土地3分法 ……………………………………… 48
　⑧ 資産の組換対策 ………………………………………………… 52
　⑨ 円満な遺産分割対策 …………………………………………… 56
　⑩ 相続税の軽減対策 ……………………………………………… 58
　⑪ 総合対策の必要性 ……………………………………………… 60

2章　活用対策
　1．不動産の見方

目　次

　　① 不動産（土地）の価格 …………………………… 64
　　② 価格を求める手法 ………………………………… 66
　　③ 不動産の種類と価格 ……………………………… 68
　　④ 不動産の調査 ……………………………………… 70
　　⑤ 不動産登記 ………………………………………… 72
　　⑥ 地図、公図、その他の図面 ……………………… 74
2．不動産の取引
　　① 媒介契約 …………………………………………… 76
　　② 売買契約書 ………………………………………… 78
　　③ 賃貸借契約書 ……………………………………… 82
3．不動産に関する法令上の規制
　　① 都市計画法 ………………………………………… 90
　　② 建築基準法（用途制限、建ぺい率・容積率）… 92
　　③ 建築基準法（前面道路）………………………… 94
4．不動産の有効活用
　❶不動産活用・投資の基礎
　　① 不動産所有・投資の特徴 ………………………… 96
　　② 建築計画（建物の用途）………………………… 98
　　③ 事業収支計画 ……………………………………… 100
　　④ 不動産の利回り …………………………………… 104
　　⑤ 減価償却費 ………………………………………… 106
　　⑥ 賃貸建物の管理 …………………………………… 108
　❷有効活用の手法
　　① 有効活用の概要 …………………………………… 110
　　② 等価交換 …………………………………………… 112

③ 定期借地権 …………………………………… *114*
　　　④ オーダーリース（建設協力金差入）方式 ……… *116*
　　　⑤ 定期借家 ……………………………………… *118*
　　　⑥ サブリース（一括賃貸） ……………………… *120*
　5．注意すべき不動産
　　　① 貸宅地（底地） ………………………………… *122*
　　　② 農地 …………………………………………… *124*
　　　③ 共有不動産 …………………………………… *126*

3章　税金対策
　1．不動産の相続
　　❶税額の計算
　　　① 相続税の計算方法 …………………………… *130*
　　　② 相続税額の2割加算 ………………………… *132*
　　　③ 贈与税（暦年課税） …………………………… *134*
　　　④ 相続時精算課税 ……………………………… *136*
　　　⑤ 住宅取得等資金の贈与を受けた場合の贈与税の
　　　　 非課税 ………………………………………… *138*
　　❷相続税の評価
　　　① 土地と建物の相続税評価額 ………………… *140*
　　　② 賃貸建物の建築による相続税評価額 ……… *142*
　　　③ 収益不動産の購入による相続税評価額 …… *144*
　　　④ 宅地の評価単位 ……………………………… *146*
　　　⑤ 広大地の評価 ………………………………… *148*
　　　⑥ 定期借地権で貸している土地の評価 ……… *150*
　　❸相続税の特例

目 次

- ① 配偶者の税額軽減 …………………………… *152*
- ② 小規模宅地等の特例 ………………………… *154*
- ③ 農地の相続税の納税猶予特例 ……………… *156*
- ④ 遺産分割と相続税の特例 …………………… *158*

❹納税対策
- ① 生命保険 ……………………………………… *160*
- ② 相続税の延納 ………………………………… *162*
- ③ 相続税の物納 ………………………………… *164*

2．不動産の保有

❶保有時の税金
- ① 固定資産税 …………………………………… *166*
- ② 損益通算 ……………………………………… *168*

❷不動産賃貸の手法
- ① 建物の名義 …………………………………… *170*
- ② 不動産管理会社の活用方法 ………………… *172*
- ③ 不動産管理会社（所有方式）の特徴 ……… *174*
- ④ 相当地代方式、無償返還方式 ……………… *176*
- ⑤ 前払地代方式（定期借地権）……………… *178*

3．不動産の譲渡

- ① 不動産譲渡税 ………………………………… *180*
- ② 相続税の取得費加算の特例 ………………… *182*
- ③ 不動産売却の時期 …………………………… *184*
- ④ 特定事業用資産の買換特例 ………………… *186*
- ⑤ 固定資産の交換特例 ………………………… *188*
- ⑥ 不動産M＆A ………………………………… *190*

    4．税制改正
        ① 税制改正リスク ……………………………………… *192*
        ② 平成25年度税制改正（相続税）……………………… *194*
        ③ 平成25年度税制改正（贈与税）……………………… *196*
  4章　分割対策
    1．相続と遺産分割
        ① 法定相続人と法定相続分 …………………………… *200*
        ② 不動産の分割方法 …………………………………… *202*
        ③ 寄与分、特別受益 …………………………………… *204*
        ④ 単純承認、限定承認、相続放棄 …………………… *206*
        ⑤ 相続発生後の手続き ………………………………… *208*
    2．遺　言
        ① 遺言の種類 …………………………………………… *210*
        ② 遺留分 ………………………………………………… *212*
        ③ 遺言の実行 …………………………………………… *214*

Ⅲ　総合事例 ……………………………………………………… *220*

【参考知識1】　借入レバレッジ ………………………………… *10*
【参考知識2】　既存不適格建築物 ……………………………… *20*
【参考知識3】　筆界特定制度 …………………………………… *21*
【参考知識4】　所有者責任（土地工作物責任）……………… *26*
【参考知識5】　価格と利回り …………………………………… *27*
【参考知識6】　旧里道・旧水路 ………………………………… *35*
【参考知識7】　縄延び、縄縮み ………………………………… *43*
【参考知識8】　海外不動産の相続 ……………………………… *55*

目　次

- 【参考知識9】　マンション用地の簡易価格査定 …………………62
- 【参考知識10】　アパートの簡易採算計算 …………………………128
- 【参考知識11】　相続税額早見表（概算）……………………………198
- 【参考知識12】　遺言の書き方 …………………………………………216
- 【参考知識13】　区分所有建物 …………………………………………228

―＜本書の留意事項＞―――――――――――――――――――

- 平成26年4月1日現在の法令・税制等に基づいて記載しており、今後、法令・税制等は変更になる可能性があります。ただし、復興特別所得税および復興特別法人税については、特に記載のない限り、所得税の税額計算・税率の表記等には反映せずに解説しています。また、平成27年1月1日以降の相続・贈与であると仮定して解説・計算しています。
- 例えば本文中の「2-4-❶-③」は、2章　4.不動産の有効活用　❶不動産活用・投資の基礎　③事業収支計画を表しています。
- なるべくわかりやすくするために、大幅に省略・簡略化した表現となっています。
- 個別具体的な法令・税制等の適用については、弁護士、税理士などの専門家にご相談ください。
- 事例は、すべて仮名で、さまざまな実例を参考にしながら、新たに創作したものであり、実際のものとは異なります。
- 意見にあたる部分は著者の見解であり、三菱UFJ信託銀行を代表するものではありません。
- 一般的な知識を説明したものであり、特定の商品などの勧誘を目的とするものではありません。

＜参考書籍＞

- きんざいファイナンシャル・プランナーズ・センター編著『2015年版　FP技能検定教本1級　4分冊不動産／5分冊タックスプランニング／6分冊相続・事業承継』（きんざい）
- きんざいファイナンシャル・プランナーズ・センター編著『2014年度版

FPマニュアル』(きんざい)
・川口有一郎監修『FPテキスト3　不動産運用設計　平成26年度』(日本ファイナンシャル・プランナーズ協会)
・杉本幸雄著『平成25年版　不動産実務百科Q&A』(清文社)
・不動産取引研究会編『平成26年版　宅地建物取引の知識』(住宅新報社)
・灰谷健司著『相続の「落とし穴」～親の家をどう分ける？』(角川SSC新書)
・灰谷健司著『事例とイラストでよくわかる　みんなの相続』(学研パブリッシング)(注)
・灰谷健司著『定年前からはじめる相続・遺言・不動産対策のすべて』(日本経済新聞社)(注)

(注)　品切重版未定。

【編著者・執筆者】

三菱UFJ信託銀行執行役員
灰谷　健司(はいたに　けんじ)（トラストファイナンシャルプランナー）

昭和36(1961)年生まれ、同59年三菱信託銀行（当時）入社、平成6(1994)年税理士試験合格。

1級ファイナンシャル・プランニング技能士、不動産鑑定士、中小企業診断士、日本証券アナリスト協会検定会員。

不動産や相続・遺言、ローンなどを含む総合的な資産運用・活用・承継についてのコンサルティングを行う。主な著書に『相続の「落とし穴」～親の家をどう分ける？』(角川SSC新書)他多数。

【執筆協力】

・初版
　　三菱UFJ不動産販売株式会社
・改訂版
　　野末　佳宏（三菱UFJ信託銀行リテール企画推進部）

I

事 例 編

事例1 アパートを分割できず共有で相続した

▼家族構成▼
伊藤さん━━亡妻
 ┃
長男　二男

▼所有資産等▼
自宅（土地建物）
駐車場（土地）　1ヵ所
預貯金

　伊藤さん（仮名）は生前、駐車場の固定資産税等の負担が重荷になっていることが悩みの種でした。また、相続税がどのくらいかかるかも気になっていました。昔は、伊藤さんが所有していた駐車場の周辺も畑ばかりでしたが、その後住宅やアパートなどが立ち並び、相続税評価額が上がり、固定資産税も年々高くなっていました。

　そこで、銀行などからアドバイスを受け、手元の預貯金をほとんど使わずに借入金で、駐車場にしていた土地にアパートを建築したところ、しっかりした市場調査と丁寧な建物管理のおかげで、アパート経営は順調に推移しました。

　その後、伊藤さんが亡くなりましたが、アパートを建築したことで相続税が少なくなり、相続財産の預貯金でなんとか税金を納めることができました。しかし、2人の子どもの間でアパートなどの不動産の分け方をめぐって、相続争いが起こってしまいました。

事例1　アパートを分割できず共有で相続した

　結局、長男と二男は、相続財産のアパートを2分の1ずつ共有することにしました。
　しかし、実際にアパートを管理するのは、近くに住んでいる長男です。管理業務の一部は不動産会社に依頼していますが、台風などにより建物が破損すれば修繕の判断をしなければならず、また、水漏れや賃借人同士による騒音のクレームを受けることもあります。
　そこで、長男は、管理が面倒なアパートを売却しようとしました。しかし、二男は定期的に賃料収入が入ってくるため、アパートを売りたくないと主張し、どうしても売ることができません。

伊藤さんの場合

- 駐車場の固定資産税負担を軽減したい
- 相続税を少なくしたい　　　　　　　　　　　　　　　①

↓

- 預貯金をほとんど使わずに借入金で、駐車場にしている土地にアパートを建築した

↓　　　　　　　　　　　　　　　　　　　　　　①

- 伊藤さんの相続発生後、アパート建築のおかげで相続税が少なくなり、また預貯金で納税することができた　　　　　　　　　　　②
- しかし、アパートを平等に分けることができず、子どもたちは困ってしまった

↓

- そこで、アパートを長男と二男で共有することにした

↓　　　　　　　　　　　　　　　　　　　　　　②
　　　　　　　　　　　　　　　　　　　　　　　③
- 長男はアパートの管理が大変で売ろうとしたが、二男が賃料収入を失くしたくないので売ることに反対したため、売ることができない

⟶ まだ間に合う（間に合った）
┄┄➔ あの時こうすれば

事例1　アパートを分割できず共有で相続した

事前・事後対策

①
- 収益性の向上、固定資産税や相続税の軽減のために、複数棟のアパートや戸建賃貸住宅、メゾネット形式の住宅（縦割り区分所有住宅）を建てることにより、分割しやすくする。また、複数の賃貸建物を建てることにより、相続税評価額が下がる場合もある
- 管理負担の軽減等を目的としてサブリースを活用する
- 遺言を作成する

②
- 伊藤さんの相続発生の際、アパートを売って売買代金を分けるか、代償分割によって長男がアパートを取得して、長男が二男にお金を渡す

③
- 次の相続が発生する前に、早めに共有を解消する

関連対策編

1-②なぜ土地を活用しないのか、1-⑨円満な遺産分割対策、2-4-❶-②建築計画（建物の用途）、2-4-❶-⑥賃貸建物の管理、2-4-❷-⑤定期借家、2-4-❷-⑥サブリース（一括賃貸）、2-5-③共有不動産、3-1-❷-①土地と建物の相続税評価額、3-1-❷-④宅地の評価単位、3-2-❶-①固定資産税、4-1-②不動産の分割方法、参考知識13 区分所有建物

事例2 納税資金が足りず相続税を延納した

▼所有資産等▲
自宅（土地建物）
宅地等（土地）8カ所
預貯金

　もともと農家だった河野さん（仮名）は、生前、宅地をたくさん所有していました。所有地の近くに鉄道の駅が新設された際、区画整理によって道路も整備されて周辺の宅地化が進み、河野さんも高齢になったため、農業をやめて田畑を宅地にすることにしたのです。

　しかし、宅地化が進んだことで固定資産税や相続税評価額も大幅に上昇しました。そこで、収益性の向上と相続税対策を兼ねて借入れを行い、自宅以外の所有地のすべてにアパートや賃貸マンションを建築しました。幸い立地が良いため、どの物件もほぼ満室状態であり、借入金の返済も滞りなく進んでいました。

　そのような状況のなか、河野さんが亡くなり相続が発生しました。相続税対策をしたとはいえ、これだけの不動産を所有していれば、相続税もかなりの額となります。しかし、代々受け継いできた土地を売るわけにはいきません。そのため、子どもたちは顧問税理士とも相談して、相続税を延納で支払うことにしました。なお、アパートなどは3人の子どもで3物件ずつ相続することにしました。

　その後、借入金の返済に加えて延納による相続税の支払いが加わったため、アパートなどの賃料収入だけでは賄いきれなくなってしまい

事例2　納税資金が足りず相続税を延納した

ました。そして、相続から5年が経ち、とうとう所有不動産を売るしかない状況に陥りました。

　ところが、いざ売ろうとすると、5年前に比べてかなり地価は下がっており、相続財産を譲渡した場合の相続税の取得費加算の特例も使えません。また、すぐに売らなければならない状況であったため、駅前の賃貸マンションや自宅の一部など、条件の良い不動産を安い価格で次々に手放すことになってしまいました。

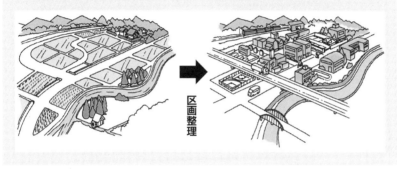

河野さんの場合

- 宅地化が進んだため、固定資産税が高くなり、相続税を支払うことができそうもない ①

↓

- 借入れをして、すべての土地にアパートなどを建築した ②

↓ ①

- 河野さんの相続発生の際、相続税は少なくなったが、預貯金がほとんどなかったために支払えず、延納することにした
- 3人の子どもは不動産を3物件ずつ相続した ③

↓ ③

- 相続から5年が経ち、借入金返済に、延納による相続税の支払いが加わったため、支払うことができなくなった ④

↓

- 納税のために不動産を売ろうとすると、地価は値下がりしていて、売りやすい不動産から安い価格で手放さなければいけなくなった ④

⟶ まだ間に合う（間に合った）
┄┄▶ あの時こうすれば

事例2　納税資金が足りず相続税を延納した

事前・事後対策

①
- 土地の一部は、売却や物納しやすいように建物を建てずに更地のままにしておき、生前に売却することを検討する
- 借入れをせず、定期借地やオーダーリース（建設協力金差入）方式による有効利用も検討する
- 納税資金対策として生命保険を活用する

②
- 不動産管理会社の活用を検討する

③
- 河野さんの相続発生の際、返済計画を慎重に考えた上で、延納や物納、売却を選択する
- 相続した不動産を売却するのであれば、相続税の取得費加算の特例が使える相続発生後3年10カ月以内にする

④
- 一定の場合は延納を物納に切り替えることができる場合がある

関連対策編

1-①地価の動向、1-③なぜ生前に売却しないのか、1-⑦財産3分法、土地3分法、2-4-❷-③定期借地権、2-4-❷-④オーダーリース（建設協力金差入）方式、2-5-②農地、3-1-❷-①土地と建物の相続税評価額、3-1-❷-②賃貸建物の建築による相続税評価額、3-1-❸-③農地の相続税の納税猶予特例、3-1-❹-①生命保険、3-1-❹-②相続税の延納、3-2-❷-②不動産管理会社の活用方法、3-2-❷-③不動産管理会社（所有方式）の特徴、3-3-②相続税の取得費加算の特例、3-3-③不動産売却の時期

参考知識1　借入レバレッジ

　借入レバレッジ（てこ）効果とは、借入金利が運用利回りより低いことを利用して借入れを行うことにより、自己資金に対する利回りを向上させることをいいます。

　しかし、借入れによるレバレッジは、〔図表〕の通り、不動産からの収益が増えると利回りも急上昇しますが、収益が少なくなると利回りも大きく下落します。また、借入金利の上昇や下落にも大きく影響されますので、注意する必要があります。

〔図表〕　借入レバレッジ効果　　　　　　　　　　　　　　（単位：万円）

		借入れなし	借入れあり
不動産価格	①	1,000	1,000
借入金額	②	0	700
自己資金	③＝①－②	1,000	300
借入金利	④	―	4.0%
支払利息	⑤＝②×④	0	28

事例2　納税資金が足りず相続税を延納した

純収益	⑥	50	50
手取金額（利払い後）	⑦＝⑥－⑤	50	22
自己資金に対する利回り	⑧＝⑦÷③	5.0%	7.3%

＜純収益が±20万円変動した場合＞　　　　　　　　　　　（単位：万円）

純収益	⑨	30～70	30～70
手取金額（利払い後）	⑩＝⑨－⑤	30～70	2～42
自己資金に対する利回り	⑪＝⑩÷③	3.0～7.0%	0.7～14.0%

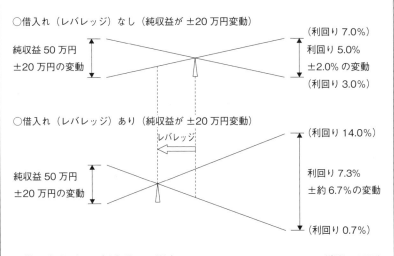

＜借入金利が±2％変動した場合＞　　　　　　　　　　　（単位：万円）

借入金利	⑫	－	2.0～6.0%
支払利息	⑬＝②×⑫	0	14～42
手取金額（利払い後）	⑭＝⑥－⑬	50	8～36
自己資金に対する利回り	⑮＝⑭÷③	5.0%	2.7～12%

（出所）『不動産投資リスクの基礎知識（三菱UFJ信託銀行不動産コンサルティング部）』（日経BP社）より一部変更

事例3 貸宅地を物納できず他の不動産を売却した

▼所有不動産▲
- 貸宅地（土地） 30カ所
- 遊休地（土地） 6カ所
  （小さい土地、旗ざお地など）
- 自宅（土地建物）

　山田さん（仮名）は昔からの地主であり、貸している土地（貸宅地）が多くありました。借地人とは昔からの付合いなので、なかなか地代の値上げをすることもできません。また、他にも遊休地をいくつか所有していますが、自宅から遠い上、草刈りやごみの不法投棄、周辺の住宅からの苦情などがあり、維持管理がとても大変です。また、どの土地も最寄りの駅から遠かったり、面積が小さすぎたり、地形が変形していたりするので、アパートを建てることもできません。

　そのような貸宅地や遊休地について、借地人や隣地所有者から購入したいという申し出がありましたが、山田さんはいつも「俺の目の黒い

うちは一坪たりとも売らない」と言っていました。

　その後、山田さんが亡くなり、相続税を支払うことができないため、1人息子が貸宅地を物納しようとしました。しかし、

事例3　貸宅地を物納できず他の不動産を売却した

貸宅地は借地人が無断で増改築していたり、賃貸借契約書がなかったりするので、物納することができません。また、売ろうと思っても、買い

手は借地人ぐらいで、価格交渉も難航しそうです。そのため、遊休地を売ることになりましたが、山田さんの息子は一度もその土地を見たことがありません。また、権利証（登記識別情報）や図面などの資料が見当たらず、登記が山田さんのお父さん（祖父）の名義のままになっていたため、売るまでには大変な労力を要しました。

　やっと買主も見つかり測量をすることになりましたが、境界について隣地の所有者がなかなか納得してくれません。相続税の支払期限が迫ってきたため、仕方なく境界は隣地所有者の言う通りにして、売買価格も買主からの値下げ要求を呑むことにしました。

　その後、やっと契約・決済を終了して売買代金を受け取ったのですが、買主が土地を掘ってみると、昔の建物の基礎らしきものが見つ

かりました。そのため、山田さんの息子は買主から新たに撤去費用相当額を請求されています。

山田さんの場合

```
┌─────────────────────────────────────────────────────┐
│・貸宅地には愛着があるが、収益性が低い               │
│・他の遠隔地の土地（遊休地）も維持管理が大変で、立地 │ ①
│  や面積・地形などが悪くアパートなどを建てることがで │
│  きない                                             │
└─────────────────────────────────────────────────────┘
                         ↓
┌─────────────────────────────────────────────────────┐
│・借地人や隣地所有者からの買取りの申し出を断った     │
└─────────────────────────────────────────────────────┘
                         ↓
┌─────────────────────────────────────────────────────┐
│・山田さんの相続発生後、息子が貸宅地を物納しようとし │ ①
│  たが、物納できず、急遽、他の土地を売ることになった │ ②
└─────────────────────────────────────────────────────┘
                         ↓
┌─────────────────────────────────────────────────────┐
│・息子は遠隔地の土地を見たこともなく、権利証（登記識 │
│  別情報）や図面などの資料が見当たらず、登記も祖父名 │
│  義のままになっていた                               │
│・相続税の支払期限が迫っていたため、早く売却しなけれ │ ②
│  ばならず、安い価格で売ることになってしまった       │
│・売買契約後、測量をしたところ隣地所有者と境界でもめ │
│  た                                                 │
│・売買代金決済後、地下から昔の建物の基礎が見つかり、 │
│  買主とトラブルになった                             │
└─────────────────────────────────────────────────────┘
```

⟶ まだ間に合う（間に合った）
⇢ あの時こうすれば

事例3　貸宅地を物納できず他の不動産を売却した

事前・事後対策

①
- 所有資産全体を把握して、土地3分法などに基づき色分けをする
- 貸宅地について、物納要件の整備や借地人への貸宅地の売却・借地権の買取りなどの整理を進める
- 他の土地も生前売却や買換え、隣地の買取りによる整形地化や戸建賃貸住宅、時間貸駐車場などによる有効利用も検討する
- 生前から所有不動産に関して測量と境界確定などの調査を行い、関係書類をまとめて保存しておく

②
- 土地売却の際、売却不動産に関する資料をできる限り集め、なるべく早いうちから信頼できる不動産業者に相談して調査してもらい、司法書士、土地家屋調査士などの専門家も紹介してもらう

関連対策編

1-③なぜ生前に売却しないのか、1-⑦財産3分法、土地3分法、1-⑧資産の組換対策、2-1-④不動産の調査、2-1-⑤不動産登記、2-1-⑥地図、公図、その他の図面、2-2-②売買契約書、2-3-③建築基準法（前面道路）、2-4-❷-⑤定期借家、2-5-①貸宅地（底地）、3-1-❹-③相続税の物納、3-3-③不動産売却の時期、参考知識3　筆界特定制度

事例4　自宅の敷地に子どもの家を建てた

　筒井さん（仮名）は、夫から相続した高級住宅街の広い敷地の家に住み、庭で趣味の家庭菜園をして、悠々自適の生活を送っていました。しかし、自宅がかなり古くなってきており、最近は雨漏りなどもするようになりました。

　そこで、思い切って自宅を建て替えました。今度は、2人の娘の家族が一緒に集まることができる大広間や客間、趣味の園芸を家の中でも楽しめるサンルームなどがある立派な家です。

　その後、長女の夫がリストラで失業し、社宅を出て行かなければならなくなってしまったので、長女一家のために庭先に家を建てました。結果的に、筒井さんは、毎日、孫の顔を見ることができるようになり、

事例4　自宅の敷地に子どもの家を建てた

とても幸せでした。また、相続税対策を兼ね、長女の子ども（孫）を養子にすることにしました。しばらくして、筒井さんは道で転び寝たきりになってしまいましたが、長女が献身的に介護をしてくれました。

その後、筒井さんが亡くなりました。遺産は広い自宅ぐらいで、娘2人で分けることができません。また、長女の子どもだけ養子になっているため、法定相続割合通りでは長女の家族の相続財産が多くなり二女は納得しません。

結局、相続税の申告期限までに話合いがまとまらなかったため、小規模宅地等の特例が使えず相続税が高額になり、相続税の支払いによって長女と二女の家族は生活資金にも事欠くようになってしまいました。

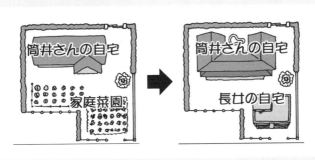

筒井さんの場合

- 自宅の建物が古くなり、雨漏りがするようになった
- 長女の家族が社宅を出なければならなくなった　　①

↓

- 自宅を建て替えて、さらに庭先に長女の家族の家も建てた
- 相続税対策を兼ねて、長女の子ども（孫）を養子にすることにした　　②

↓

- 寝たきりになったが、長女が介護をしてくれた

↓

- 筒井さんの相続発生の際、自宅を分割することができず、また養子の扱いをめぐって長女と二女で遺産分割の話合いがまとまらない
- 相続税の申告期限までに遺産分割が決まらなかったため、小規模宅地等の特例が使えず相続税が高額になった
- 相続税の支払いにより、長女と二女の家族の生活資金が足りなくなった

①
②
③

⟶ まだ間に合う（間に合った）
┈➤ あの時こうすれば

事例4　自宅の敷地に子どもの家を建てた

事前・事後対策

①
- 自宅を等価交換などによって自宅兼賃貸マンション（区分所有建物）に建て替え、収入を納税資金の準備に充て、長女の自宅も確保する。将来の分割や一部売却が容易になり、相続税評価額の低下も期待できる
- 有料老人ホームへの入居、自宅の賃貸や一部売却、賃貸マンションへの建替えなども検討する

②
- 自宅の建替え、庭先への建物建築にあたっては、将来の分割や一部売却、建物の再建築などができるようにする。また、小規模宅地等の特例を有効に活用できるようにする
- 円満な遺産分割ができるように遺言を作成する

③
- 遺産分割の際には、介護などの寄与分を考慮する
- 相続税の取得費加算の特例などを活用して、自宅を売却して遺産分割を行い、長女は売却代金で自宅を買い換える

関連対策編

1-②なぜ土地を活用しないのか、1-④なぜ遺言を書かないのか、1-⑨円満な遺産分割対策、1-⑩相続税の軽減対策、2-1-③不動産の種類と価格、2-3-③建築基準法（前面道路）、2-4-❷-②等価交換、3-1-❶-②相続税額の2割加算、3-1-❷-②賃貸建物の建築による相続税評価額、3-1-❸-②小規模宅地等の特例、3-1-❸-②遺産分割と相続税の特例、3-3-①不動産譲渡税、3-3-②相続税の取得費加算の特例、4-1-②不動産の分割方法、4-1-③寄与分、特別受益、4-2-①遺言の種類、参考知識2 既存不適格建築物、参考知識12 遺言の書き方、参考知識13 区分所有建物

参考知識2　既存不適格建築物

　建築基準法は、建築技術の進歩等によってたびたび改正されています。そのため、建物が建築された当時の法律には適合していても、その後の法改正などによって、現在の法律に適合しなくなってしまう場合があります。このような建物を既存不適格建築物といいます。なお、既存不適格建築物は、建築時から法令に違反している違反建築物とは異なります。

　既存不適格建築物は違反建築物と違い、すぐに是正する必要がなく、そのまま使用することができます。しかし、建替えや増改築などをする場合は、原則として法律に適合していない部分を適合させなければならないため、従来と同じ規模や同じ用途の建物が建てられなくなることもあり、注意する必要があります。

事例4　自宅の敷地に子どもの家を建てた

参考知識3　筆界特定制度

　筆界特定制度は、土地の筆界の迅速かつ適正な特定を図り、筆界をめぐる紛争の解決に役立てるため、筆界特定登記官が、土地の所有権登記名義人等の申請に基づき、土地の筆界の現地における位置を特定する制度です。

　筆界とは、1筆の土地とこれに隣接する他の土地との間において、その境を構成する2以上の点およびこれらを結ぶ直線をいい、隣接する土地の所有者間の合意によって勝手に変更することはできません。

　筆界特定の申請は、土地の所有権登記名義人等が手数料を支払って行い、筆界特定の事務は、対象地を管轄する法務局等が行います。筆界特定登記官は、筆界調査委員の意見を踏まえて、登記記録、地図または地図に準ずる図面、対象土地および関係土地の地形、地目、面積および形状ならびに工作物、境界標の有無、設置経緯その他の事情などを総合的に考慮して当該土地の筆界を特定します。

　なお、この制度により筆界が特定された場合であっても、境界確定訴訟を提起することができます。

事例5 税金対策として収益不動産を購入した

▼所有資産等▲

自宅（土地建物）
古貸家（土地建物） 10カ所
預貯金
有価証券

　親から多額の資産を相続した岡崎さん（仮名）は、相続税を支払えたものの、自分に万一のことがあったとき、再び、多額の相続税を払わなければならないのかと思うとぞっとしていました。しかも、低金利のため、相続した預貯金の利息はわずかです。

　そこで、収益不動産を購入することにしました。というのも、収益不動産を購入することによって収入が増えるだけでなく、相続税や所得税が少なくなることがあると聞いたためです。

　収益不動産の購入にあたっては、岡崎さんの住んでいる都内では利回りの高い物件はなく、ちょうど懇意にしている不動産業者から、地方の古い賃貸マンション1棟の紹介を受けました。この物件は、利回りが高く、周辺の相場より2〜3割安い掘出物の不動産のため、早く決断しなければ売れてしまうとい

事例5　税金対策として収益不動産を購入した

った言葉につられ、つい現地を見ず、業者からの説明もよく聞かずに売買契約をしてしまいました。なお、購入にあたっては、税金を少しでも抑えるため、銀行か

ら限度一杯の借入れをすることにしました。

　契約後、現地を見に行くと、敷地の一部は崖地で道路とも高低差があり、土地を測ってみると登記簿面積より約10m²狭いようです。まだ売買代金を全額支払っているわけではないので、不動産業者に価格を減額するか、契約を解約するように依頼しましたが、売主は簡単には応じてくれませんでした。

　購入後数年が経過し、賃貸マンションがさらに古くなり、空室が目立ってきました。管理会社からは、賃料の値下げや修繕の依頼が次々にくるのですが、遠方にあるため、現地に行って交渉したり状況を確認したりすることもできません。そして、賃料を下げても空室は増えるばかりで、建物や設備の破損や故障による修繕費、防犯対策など予想外の費用がかかり、とうとう収支も赤字になってしまいました。また、賃料の滞納や、賃借人が入れ替わるたびに敷金返還や原状回復をめぐるトラブルが発生し、さらに所有者責任が生じるような事故が起こったときのことを考えると心配でなりません。

岡崎さんの場合

- 相続税を減らしたい
- 収入は増やしたいが、税金はなるべく少なくしたい　　①

↓

- 不動産業者から地方の賃貸マンションの紹介を受け、価格が割安で利回りが高かったため、現地を見ずに売買契約を締結した
- 税金対策のために限度額いっぱいの借入れをした　　②

↓

- 売買契約後、現地に行くと敷地の一部が崖地であり、道路との高低差もあり、土地を測量すると登記簿面積より約10m²狭かったが、契約の解約や代金の減額はできなかった　　②

↓

①
②
③

- 賃貸マンション購入後、修繕費用がかさみ、賃料を値下げしても空室が増加したため、収支が赤字になった
- 賃料の滞納や退去時の原状回復トラブルなどが多発した

―→ まだ間に合う（間に合った）
┄┄→ あの時こうすれば

事例5　税金対策として収益不動産を購入した

事前・事後対策

①
- 財産3分法などの考えに基づき、古貸家の売却による資産の組換えなどによって、収益不動産を購入する
- 資産の組換えの際、買換特例の活用を検討し、相続発生の際に小規模宅地等の特例を最大限活用できるようにする
- 収益不動産購入にあたっては、不動産投資は事業であることを認識して、当初利回りだけでなく、立地・建物・管理を詳細に検討する

②
- 収益不動産購入の際、堅めの事業収支計画を見積もり、物件規模の縮小による借入金の減額を検討する
- 売買契約前には必ず自分で現地を確認して、不動産業者に早めにしっかりとした物件調査をしてもらい、説明を受ける
- 売買契約書の売買対象面積や手付金の条項を確認する

③
- 定期借家契約を活用して、賃貸マンションの建替えや売却の準備をする

📖 関連対策編

1-⑦財産3分法、土地3分法、1-⑧資産の組換対策、2-1-②価格を求める手法、2-1-④不動産の調査、2-2-②売買契約書、2-2-③賃貸借契約書、2-4-❶-①不動産所有・投資の特徴、2-4-❶-③事業収支計画、2-4-❶-④不動産の利回り、2-4-❶-⑥賃貸建物の管理、2-4-❷-⑤定期借家、3-1-❷-②賃貸建物の建築による相続税評価額、3-1-❷-③収益不動産の購入による相続税評価額、3-1-❸-②小規模宅地等の特例、3-2-❶-②損益通算、3-3-④特定事業用資産の買換特例、参考知識1 借入レバレッジ、参考知識4 所有者責任（土地工作物責任）

参考知識4　所有者責任（土地工作物責任）

　建物の外壁が落下して通行人がけがをした場合のように、不動産の瑕疵（欠陥）を原因として、他人に損害を与えた場合は損害賠償義務が発生します。この場合、土地の工作物の占有者、すなわち賃借人に過失がなければ、所有者が責任を負うことになります。賃借人は、損害の発生を防止するために必要な注意をしたときには免責されますが、不動産の所有者は過失の有無にかかわりなく責任を負わなくてはなりません。

　土地の工作物には、建物のほか、塀や擁壁などの屋外工作物、回転ドアやエレベーターなどの建物内部の設備が含まれます。これらが、通常備えているべき安全性を欠いている場合に瑕疵があるということになります。

（出所）「不動産投資リスクの基礎知識（三菱UFJ信託銀行不動産コンサルティング部）」（日経BP社）より一部変更

事例5　税金対策として収益不動産を購入した

参考知識5　価格と利回り

　債券は、価格と利回りの関係が負の相関関係（逆相関）にあることが知られています。価格が上昇すれば利回りは低下し、価格が下落すれば利回りは上昇します。また、正常な需給関係と発行体の信用リスクに変化がなければ、市場金利に連動して債券の利回りや債券価格も変動します。金利上昇時には債券の利回りも上がり債券価格は下落し、金利低下時には債券の利回りも下がり債券価格は上昇します。

　不動産、特に収益不動産も基本的に価格と利回りの関係は同様です。下記の計算式からもわかるように、市場金利の上昇（低下）に伴い不動産に対する投資期待利回りが上昇（低下）すると、一般的には不動産の価格は下落（上昇）します。収益不動産も債券と同様の投資対象として考えれば理解できると思います。

計算式：「不動産の投資期待利回り＝不動産の収益÷不動産の価格」

しかし、収益不動産特有の点もあります。それは、債券の場合、基本的にその収益は一定であるのに対し、不動産の場合、その収益は変動するということです。例えば価格1,000万円、年間収益100万円の収益不動産を購入したとします（投資期待利回り＝100万円÷1,000万円＝10％）。その後、その収益不動産に関してさまざまな努力を行った結果、年間収益が150万円となった場合、市場金利が変わらないとすると、一般的には当該収益不動産の価格は、1,500万円（150万円÷10％）に上昇するはずです。この事例からわかるように、個別の不動産から得られる収益が上昇（あるいは下降）すれば、価格も上昇（あるいは下降）することになります。逆に言えば、年間収益を50万円（150万円－100万円）上昇させるための投下資本は500万円（1,500万円－1,000万円）以内に収める必要があるということになります。この場合、あくまでも投資期待利回りは10％で一定していることが前提となります。

II

対策編

1章

総合対策

 # 1 地価の動向

　バブル崩壊後、下落の一途をたどってきた地価は、平成17～19年には3大都市圏などの都心を中心に一部の地域で上昇しました。しかし、平成20年には世界金融危機による景気悪化とともに、不動産価格も全般的に下落傾向に転じています〔図表1-1-1〕。また、平成23年3月11日に発生した東日本大震災の影響により、被災地周辺の地域では、高台の住宅地等を除き、地価が大きく下落しているところもあります。

　では、これからの地価はどうなるのでしょうか。また、地価の上昇や下落をもたらす要因にはどのようなものがあり、実際にどのような土地が値上がりするのでしょうか。

　バブル崩壊までは、地価は必ず右肩上がりで上昇するという「土地神話」がありましたが、今では土地も普通の商品と同様に、需要と供給によって価格が決まると考えられています。**土地神話が成立したのは、主に以下の理由によるものと考えられます。**

<供給>
　・一定もしくは急激には増えない

<需要>
　・人口や世帯数の増加による住宅ニーズ等の増大
　・GDPの増加による工場・事務所・店舗ニーズの増大、購買力の増加
　・交通インフラの整備などによる利便性の拡大

　人口がすでに減少し、今後は、世帯数も減少に転じる見込みです。また、GDPについても、今後大幅に増加するとは考えにくい状況です。一方、農地の宅地化、企業の海外進出、減損会計による法人所有土地の売却、土

1章 総合対策

〔図表1-1-1〕 地価の動向（3大都市圏における地価の変動率）

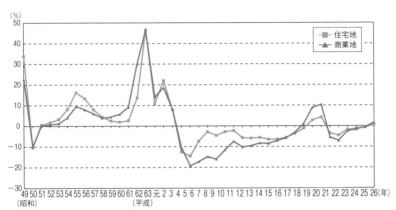

（出所）『平成26年版土地白書』（国土交通省）

地の高度利用などによって実質的に宅地として利用できる土地の供給は、増加傾向にあると考えられます。このような状況を勘案すると、**今後、地価が右肩上がりで上昇し続ける可能性は極めて低いと思われます。**

しかし、全国平均では上昇しなくても、地価の二極化、個別化により、特定の地域（地点）では上昇するところもあるでしょう。仮に全国平均が横ばいであれば、上昇する地域があれば、下落する地域も出てきます。**一般的には、地方より都市、郊外より市街地、駅から遠い土地より近い土地のほうが上昇する可能性は高いと考えられています。**これは、住宅地においては主に利便性が、商業地においては主に収益性が求められるためです〔図表1-1-2〕。今後、都心回帰によって人口やオフィスが都市に集中することになれば、都市と地方の地価格差が一層激しくなることも考えられます。

ただし、以上のような考え方が長期的には正しいとしても、バブルの頃

33

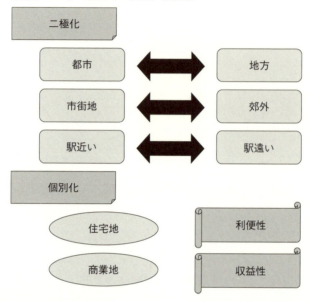

〔図表1-1-2〕 地価の二極化、個別化

のように地価が急上昇することも考えられます。その主な理由は金融緩和による金余りです。金利が低下し貸出しの増加などによって購買力が高まれば、不動産に対する需要も増加し、投資だけでなく投機的な需要も生じるためです。しかし、実需に基づかない地価の上昇は一時的なものであり、下落時にはバブル崩壊時のようにそのゆり戻しも大きくなります。

　また、**地価に影響を与える不動産の需給動向を見通す際の重要なポイントとして税制があげられます**。保有時の固定資産税が上がれば、土地の活用（建物の供給）や売却（土地の供給）が増加しますし、住宅ローン減税のように取得時に税金が少なくなれば、住宅の需要が増加します。さらに、不動産の保有や購入による相続税評価上のメリット次第で、不動産の需要や供給が左右されることになります。

1章　総合対策

　いずれにしても、今後の地価動向、ましてや個別の土地の価格を予測することは非常に困難です。ただし、不動産には同じものは2つとないという特殊性があります。そこで、不動産の売り時、買い時は、将来の地価動向を予測して判断するのではなく、「必要としていない不動産に良い買い手が現れた時」が売り時で、「必要とする良い不動産が出てきた時」が買い時といえるのではないでしょうか。

参考知識6　旧里道・旧水路

　旧里道とは古くからすでに道として利用されていた土地であり、公図上、地番がなく、国有地として扱われています。公図に赤く塗られているので、赤道・赤線ともいわれています。

　旧水路とは、河川、水路となっていた土地のことで、公図上、地番がなく、青く塗られていることから、青道・青線とも呼ばれ、赤道・赤線と同様に国有地として扱われています。

② なぜ土地を活用しないのか

　地価の上昇局面では、多少の保有コストを支払ってでも土地を所有し続けるメリットは大きく、平成6年度までは固定資産税が低い水準だったこともあり、あえて土地を活用する必要性は感じられなかったかもしれません。また、借地法や借家法などにより土地や建物をいったん他人に貸すと簡単には返してもらえなくなり、売却することも難しくなるという問題がありました。

　しかし、昨今のように右肩上がりの地価上昇が見込まれない中、固定資産税負担なども増加しているため、土地を何の利用もせず遊休地のままとした場合、保有コストや地価の値下がりによって、たとえ売却しなくても大きな損失が生じることになります〔図表1-2-1〕。

　そこで、土地の有効利用の必要性が高まっています。**有効利用のニーズ**には以下のようなものがあげられます。

① 安定収益の確保
② 保有コストの吸収、軽減
③ 相続税・所得税等の税金対策

　ではなぜ、土地の有効利用をしないのでしょうか。その理由とその対処方法は以下の通りです。

① 事業ノウハウの不足、建築・管理などの業務遂行負担が重い
　　→信頼できる専門家に相談して、専門業者などをうまく活用する。
② 事業収支の採算がとれない、賃借人の確保が困難
　　→建築規模など事業プランの見直しや、稼働中の収益不動産への買換えなどを検討する。

1章 総合対策

〔図表1-2-1〕 地価下落と保有コスト

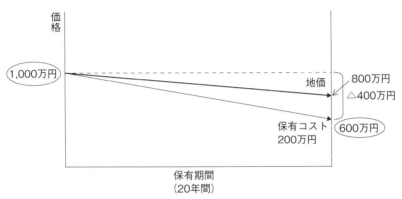

（注） イメージ図であり、正確な金額ではありません。

③ **事業資金調達が困難、借入金への不安**
→等価交換、定期借地契約による賃貸や他の所有不動産の売却などを検討する。

④ **相続税の納税のために、売却や物納しやすいようにしておく**
→更地にしておくだけでなく、測量や境界確定作業なども行う。

ただし、すべての土地が有効利用に適しているわけではありません。そして、仮に事業収支などに問題がなくても、相続の際の円満な遺産分割や納税資金の確保に支障をきたすようでは困ります。そのような場合は、買換えなどの資産の組換えや、単純売却などを含めた、いわゆる有効活用を検討するとともに、建物を建てたり貸したりせずに更地のまま駐車場などにしておくことも1つの選択肢です。

3 なぜ生前に売却しないのか

　保有コストや地価下落リスクなどを考えれば、建物を建てたり貸したりするだけでなく、利用していない不要な不動産の一部を売却することも1つの選択肢です。特に、納めなければならない推定相続税額に対して金融資産が不足している場合は、いつか、いずれかの不動産を売らなければならなくなる可能性がきわめて高くなります。もちろん、相続税の軽減対策を講じることによって納税資金不足を解消することができればよいのですが、簡単にはできませんし、さまざまな問題が生じることもあります。

　そこで、相続発生後だけでなく、生前に所有不動産を売却するということも検討する必要があるのですが、不動産をたくさん持っていて金融資産が少ない人でも、**不動産の生前売却をまったく考えていない人が多くいます**。その理由とそれに対する考え方は以下の通りです。

① **考えるのが面倒、売るのが面倒**

　→納税資金対策を事前に講じていなければ、最悪の場合、自宅など一番大切な不動産を売らなければならなくなることもあります。準備しなかったことで困るのは、本人ではなく相続人である家族なのです。

② **先祖代々の土地を自分の代では売りたくない、親戚や世間体が気になる**

　→自分の代で売らなくても、納税資金不足のまま相続が発生すれば、自分の子どもたちが売らなくてはならなくなってしまいます。つまり、子どもたちにつけをまわすことになります。

③ **土地は相続税評価上有利である**

　→そのような一面があることは事実です。しかし、それはあくまで

も必要かつ収益性の高い土地であることが前提です。

④ **相続発生後に物納もしくは売却すればよい**

→いつでも売却・物納できる準備をしておき、有利な買い手があらわれたときには生前でも売ることを検討する必要があります。

⑤ **土地は持っていれば値上がりする**

→今はこのような考えを持っている人は少ないかもしれませんが、心のどこかで、何かしらの期待をしている人が多いことも確かです。しかし、地価値下がりリスクと保有コスト負担の問題も考慮する必要があります。

たとえ現時点では土地を有効利用せず、かつ生前に売却しない場合でも、時間的・精神的な余裕のあるうちに、生前の売却、物納、相続後の売却について、配偶者や後継者である子どもなどの家族の意見も聞きながら、比較・検討しつつ、いつでも売却・物納できるように準備だけはしておくことが重要です（3-3-③参照）。

なお、売却・物納するための準備で必要となることは測量と境界確定作業です。また、信頼できる不動産業者に定期的に価格査定などをしてもらうことによって、常に所有不動産の売却可能価格を把握し、不動産市況や周辺の不動産売買状況などを知っておくとよいでしょう。

4 なぜ遺言を書かないのか

　相続対策には、「相続税の軽減」や「納税資金の準備」もありますが、**一番重要なことは「円満な遺産分割」**です。特に地主など、所有資産の大半が不動産の場合には重要です。なぜなら、不動産は同じものが2つとなく、そのままでは分けることが難しいからです。また、先祖代々からの土地の大半を、長男などに相続させ、家を継いでほしいと思っていても、土地が分散し、最悪の場合は相続争いが起こってしまうことも少なくありません。

　そのようなことにならないためには、財産や家族の状況を踏まえて作成された遺言があるとよいでしょう。**遺言があれば、原則として本人の意思通りに円満に財産を分けることが可能になります。**法定相続分と違う割合で分ける場合はもちろんのこと、法定相続割合で分けようと思っても、不動産が資産の大半を占める場合には分け方が難しいため、遺言が必要です。

　しかし、「相続税の軽減」対策や「納税資金の準備」を行っている人でも、**遺言などの将来の「円満な遺産分割」のための対策についてはあまり検討していない人が多いのが実情です。**その理由とそれに対する考え方は以下の通りです。

① 法定相続割合に応じて分ければよい
　→不動産割合が高い場合は法定相続割合で分けることは困難です。

② 財産が少ないので関係ない
　→少しでも財産があれば分けなくてはいけません。

③ 家族の仲が良いので、相続後に話合いで分ければよい
　→法定相続割合に応じて平等に分けられない場合の話合いは、仲の

1章　総合対策

良い家族だからこそ難しく、なかなか決まらなかったりします。そして、それがきっかけで一番大切な家族の絆が失われてしまうこともあります。

④ **遺言を書くのは縁起が悪いのであまり考えたくない**

→遺言は生命保険と同じで、万一のときの備えです。決して縁起が悪いものではありません。

⑤ **若くて元気で、これからも財産を使ったり、増やしたり、気持ちが変わったりすることもあるので遺言はまだ早い**

→遺言を書いても財産を使うことはできますし、何度でも書き直せます。また、遺言は遺書とは違い、物理的にも精神的にも充実している元気なときに書くものであり、亡くなる直前に書くことはできません。

⑥ **遺言の作成は時間がかかるので面倒であり、費用がかかりそう**

→少しの手間と費用を惜しむと、遺された家族が苦労します。

⑦ **どのように分けたらよいか、どのように書いたらよいかよくわからない**

→信頼できる専門家に相談するようにしましょう。

すべての人が必ず遺言を書かなければいけないわけではありませんが、一度は家族で相続について話し合ってみるとよいでしょう。そのような話合いをすることによって、相続対策の必要性や方向性がある程度見えてきます。また、お互いの考え方が理解できれば、いざというときにスムーズにいく可能性も高まります。なお、家族で話し合うことが難しい場合は、専門家に相談するとよいでしょう。

5 対策の手順・スケジュール

　不動産に関する対策の手順は、〔図表1-5-1〕の通りです。**まずは、所有資産全体の現状を把握して分析することが重要であり、いきなり個別の不動産の活用方法を検討するわけではありません。**

　現状を分析して問題点を明らかにした上で、対策を検討することになります。専門家などのアドバイスをもとに、さまざまな選択肢の中から総合的な観点でより良いものを選びましょう。また、実施後の管理・フォローも大切です。それが対策の成否を左右するといっても過言ではありません。

〔図表1-5-1〕　対策の手順

＜現状の把握・分析＞
個別の不動産だけでなく所有不動産全体、そして預貯金などの金融資産やローンなどの負債を含む全財産について把握をした上で、現状を分析して問題点を明らかにします。

＜対策の検討＞
不動産についての対策は、活用対策（有効利用、売買）、税金対策（相続、保有、売買）、分割対策（相続、遺言）などについて、総合的な観点から検討することが必要です。

＜対策の実施＞
対策の実施にあたっては、タイミングが重要です。長期的な観点から優先順位をつけて実行しましょう。また、賃貸建物の建築後の管理や遺言作成後の見直しなど、対策実行後もフォローをしていかなければなりません。

1章 総合対策

なお、対策の実施にあたっては、優先順位とタイミングの見極めが重要です。そこで、**長期的かつ総合的な観点からおおまかなスケジュールを立てて、計画的に実施していくとよいでしょう**〔図表1-5-2〕。

〔図表1-5-2〕 対策のスケジュール（例）

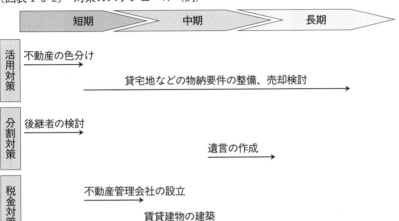

参考知識7　縄延び、縄縮み

　明治時代の地租改正において、地租（税金）を取るために土地を測量しましたが、地租が少なくてすむように実際より少なく測る傾向にあったことや、測量技術が未発達であったことにより、改めて測量し直すと、登記簿上の土地面積より実測面積が大きいことがあります。これを「縄延び」といいます。逆に小さいことを「縄縮み」といいます。

6 現状の把握・分析

　対策の検討をする前に、まずは現状を把握して分析しなければなりません。そのためには、以下の資料を作成するとよいでしょう。なお、対策の検討とともに資料の作成を専門家に依頼することも1つの方法です。

＜所有不動産一覧表＞

　すべての所有不動産について、所在、面積、利用状況、用途地域・建ぺい率・容積率などの法令上の制限、そして、時価（相続税評価額等）、収支（賃料収入、固定資産税支出など）、利回りなどを記載した一覧表を作成します〔図表1-6-1〕。

　この表によって、それぞれの不動産の収益性などがよくわかります。特に、建物投資額だけでなく、土地を含む時価ベースでの利回りは重要です。

〔図表1-6-1〕　所有不動産一覧表（例）

① No.	② 名義	③ 種類	④ 所在	⑤ 地積 (m²)	⑥ 路線価 (千円/m²)	⑦ 相続税評価額 (万円)	⑧ 利用状況 公法規制	⑨ 収入	⑩ 支出	⑪ キャッシュフロー ⑨-⑩	⑫ 利回り ⑪/⑦
1	○○様	自用地	△△503-3	218.00	170	3,706	畑				
2	○○様	自用地	△△517-2～527-3	1,619.3	140	22,670	駐車場				
3	○○様	貸家建付地	△△519	456.89	140	6,396	2階建アパート賃貸中（築20年）				
4	○○様	貸家	同上	989.01		4,945					
5	○○様	自用地	●●	2,068.02	160	16,544	持分1/2				
6	○○様	自用地	●●	523.14	175	9,155	駐車場				
7	○○様	自用地	●●	178.86	170	3,041	駐車場				
8	××様	自用地	△△503-4	745.99	170	12,682	自宅				
9	××様	建物	同上	150.00		1,500					
10	××様	貸宅地	●●	1,224.59	175	8,572	借地権設定（▽氏宅他7軒）				
	合計										

1章　総合対策

＜個別不動産の物件明細＞

　個別の不動産の概要だけでなく、所在や地形、利用状況などがわかる**地図、図面や写真などがあるとよいでしょう**。これがあると相続後に配偶者や子どもなどがとても助かります〔図表1-6-2〕。

＜資産・負債バランスシート＞

　金融資産、不動産、借入金などすべての資産と負債を調べた上で、法人と同様のバランスシート（貸借対照表）を作成します。**相続時に予想される生命保険金（資産）や推定相続税額（負債）なども記載します**。純資産

〔図表1-6-2〕　物件明細（例）

【地図】【図面】【写真】	所在地	○○県○○市○○区☆☆○－○－○ (住居表示)				
	土地	面積	登記簿	m²（　　坪）	評価額	万円
			実測	m²（　　坪）		
		接道状況	有・無	（東側・約○m）		
		権利	○○○	持分	○%	
		地目	○○○	利用区分	○○○	
	路線価	道路1	○○○円／m²	特性	収益性	
		道路2	円／m²		換金性	
		道路3	円／m²		有効利用可能性	
		総額	円		思い入れ	
	公法規制	用途地域1	○○○○	建ぺい率 ○%	容積率	○%
		用途地域2		建ぺい率	容積率	
		その他				
収支・利回り 建物概要 利用状況						

の金額や不動産比率、固定資産比率、負債比率などにも注目しましょう〔図表1-6-3〕。

＜相続税額試算表＞

税理士などの専門家に相続税額を試算してもらい、**相続税の納税資金が確保できているかどうかを検討します**〔図表1-6-4〕。なお、相続税は一次相続（本人の相続）だけでなく、二次相続（本人が亡くなった後の配偶者の相続）を含めた合計税額を計算します。

また、対策実施後の相続税についても試算してもらうとよいでしょう。

＜収支・損益計画表（2-4-❶-③参照）＞

個別の不動産についての収支や損益の実績を計画と比較します。収支・損益における経費率や借入金返済割合などの比較によって、今後の予想や改善のポイントを把握することができます。

なお、不動産対策、相続対策は、必ずしも数値だけで割り切れるもので

〔図表1-6-3〕 資産・負債バランスシート（例）

（単位：万円）

資　産		負　債	
預貯金 有価証券 生命保険金		借入金 敷金（預かり金） 推定相続税額	
①流動資産合計		④負債合計	
土地 建物 自社株 長期貸付金		⑤純資産 （③－④）	
②固定資産合計			
③総資産合計 （①＋②）		⑥負債・純資産合計 （④＋⑤）	

はありません。対策を検討するにあたっては、家族の状況や本人の思い入れなどが重要になってきます。そこで、現状把握の段階で、家族構成はもちろんのこと、本人や家族のライフプラン、不動産や相続・財産承継についての思い入れなどを、箇条書きなどで簡単にまとめておくと、専門家に相談する際にとても役立ちます。

〔図表1-6-4〕 相続税額試算表（例）

（単位：百万円）

項　目	金　額	備　考
現金・預貯金	200	
有価証券	0	
自社株	107	
生命保険金・退職金	0	非課税金額控除後
土地	1,749	小規模宅地等の特例による減額後
建物	91	
その他の財産	0	
財産合計	2,147	
債務	−300	
課税価格合計	1,847	
基礎控除額	−54	配偶者、子ども3人
課税遺産総額	1,793	
推定相続税（一次）（注）	372	配偶者の税額軽減後
推定相続税（二次）（注）	313	
推定相続税合計	685	
金融資産合計	200	現金・預貯金、有価証券
納税資金不足額	485	

（注）・推定相続税額は法定相続割合によるもの
　　　・一次相続は、本人が亡くなった場合
　　　・二次相続は、本人が亡くなった後、配偶者が亡くなった場合

7 財産3分法、土地3分法

　相続対策、不動産対策では、個別の不動産だけでなく所有不動産全体、そして預貯金・有価証券などの金融資産、ローンなどの負債を含めた財産全体についても検討することが必要となります。なぜなら、相続対策では、推定相続税額を金融資産で賄うことができるかどうか、金融資産を含めた全財産を円満に分けることができるかどうか、ということを検討する必要があり、不動産対策では、賃貸建物の建築などを金融資産で賄うのか、借入れや他の所有不動産の売却で調達するのか、ということを検討する必要があるからです。

　その際、**資産の運用と資産の承継という2つの観点から検討しなければなりません**。なお、資産の運用とは、お金の運用である資金運用と不動産の活用（建てる、貸す、売る、買うなど）のことであり、資産の承継とは相続のことです。資産の運用では、「収益性」（どれだけ収益を生むか）、「流動性」（売却・換価などにより資金化しやすいか）、「安全性」（元本割れの可能性が少ないか）、資産の承継では、「円満な遺産分割」「納税資金の準備」「相続税の軽減」について検討します〔図表1-7-1〕。

　しかし、これらの**すべての条件を満たす資産はないため、リスクを分散するためにもさまざまな資産を所有するとよい**といわれており、このような考え方を「財産3分法」「土地3分法」といいます〔図表1-7-2〕。

　残念ながら、リターンが高くてリスクは少ない財産とか、メリットはあるがデメリットはない対策というものは、世の中に存在しません。あくまでも、財産3分法は、金融資産の運用でいわれている「分散投資」の考え方と同じです。なお、3分法といっても3等分しなければならないという

1章　総合対策

〔図表1-7-1〕　資産運用、資産承継のポイント

〔図表1-7-2〕　財産3分法、土地3分法

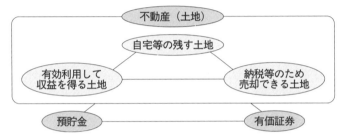

ことではありません。その人の考え方、年齢、家族構成、財産額などの状況や世の中の情勢に合わせて、その人に合った配分を検討しましょう。

具体的には財産3分法とは、財産を預貯金、有価証券、不動産の3つに分けるというものです。これらを比較すると、それぞれの資産には一般的に〔図表1-7-3〕のような特徴があります。

特に、相続税の納税資金の準備という観点から、預貯金と有価証券の合計額で推定相続税額を賄えるかどうかは重要です。また、1-⑥（現状の把握・分析）において算出した不動産比率などの財産の状況を踏まえて、それぞれの財産の特徴を活かした財産の配分を検討しましょう。

土地3分法とは、不動産（土地）を「自宅等の残す土地」「有効利用して収益を得る土地」「納税等のため売却できる土地」に色分けすることで

〔図表1-7-3〕 財産3分法による資産とその特徴

	収益性	流動性 分割可能性	安全性 安定性	税額軽減 可能性
預貯金	×	○	○	×
有価証券	△	△	△	×
不動産	△	×	△	○

(注) 一定の仮定に基づいたきわめて大まかな比較であり、実際とは異なることがあります。

す。なお、「売却できる土地」には、すぐに売却するだけでなく、いざというときに売却・物納できるように準備しておく土地も含みます。

　不動産は個別性がきわめて高いため、1-⑥の物件明細や所有不動産一覧表などをもとに、それぞれの不動産の収益性、換金性や有効利用可能性を判定します。また、「思い入れ」は数値にすることはできませんが、判断材料の1つになります。

　一般的に不動産は、利用状況によって比較すると、〔図表1-7-4〕のような特徴があります。このような一般的な特徴を踏まえて、所有している個別の不動産について収益性、換金性、有効利用可能性、思い入れを判定して、所有不動産一覧表に追加して記載すると、土地3分法による色分けをする際にわかりやすくて便利です。

　土地3分法の基本的な考え方は、良い不動産を売らずに残すためにはどうしたらよいかということです。良い不動産とは、「収益性」「換金性」「有効利用可能性」に優れているものです。

　特に金融資産額が相続税額に足りない場合は、相続時には不動産を売らなければならなくなります。相続発生後の限られた時間で急いで不動産を売却しなければならない状況になると、売りやすい条件の良い不動産から、

1章 総合対策

安い価格で売らざるを得なくなることがよくあります。そのような最悪の事態に陥らないためにも、不動産を事前に色分けして準備しておくことが必要です。

〔図表1-7-4〕 不動産の利用状況とその特徴

	収益性	換金性	有効利用可能性	思い入れ	色分け
自宅	×	○	○	○	①
遊休地駐車場	×	○	○	—	②
高収益アパート	○	○	—	—	③
低収益アパート	×	×	×	—	④
貸宅地	×	×	×	—	⑤
農地	×	×	×	○	⑥

(注) 一定の仮定に基づいたきわめて大まかな比較であり、実際とは異なることがあります。

① 自宅は、思い入れ次第で「残す」、有効利用可能性次第で「利用」
② 遊休地や駐車場は、有効利用可能性次第でそのまま「利用」、買換えによる「利用」、または「売却」
③ 高収益アパートは、そのまま「利用」
④ 低収益アパートは、「売却」、買換えによる「利用」だが、時間がかかる
⑤ 貸宅地は、④と同様
⑥ 農地は、思い入れと法規制次第で「残す」、それ以外は「売却」、そのまま「利用」、買換えによる「利用」

8 資産の組換対策

不動産の活用対策として、現状維持以外には主に以下のような選択肢があります。

- 有効利用（建てる、貸す）
- 売却（お金に換えて活用）
- 資産の組換え（買換え）

土地はそのままにしておくと保有コストが高くつくため、有効利用して収益を稼げるとよいのですが、必ずしもすべての土地が有効利用に適しているわけではありません。しかし、単純に売ってしまいたくない場合もあるでしょうから、そのような場合には資産の組換え、つまり買換えという方法があります。

買換えには物件や目的に応じて、以下のようなやり方があります。

＜利用が難しい土地から、利用しやすい土地や既存の収益不動産へ＞

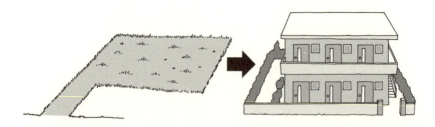

特に既存の収益不動産であれば、すぐに収益を得ることができます。

1章 総合対策

＜低収益不動産から高収益不動産へ＞

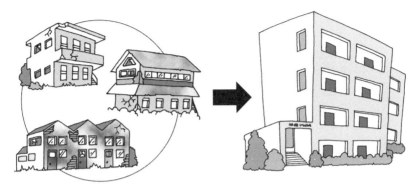

特に老朽化したアパート、貸宅地などは買換えの対象となります。

＜分割・換価が難しい土地から分割・換価しやすい不動産へ＞

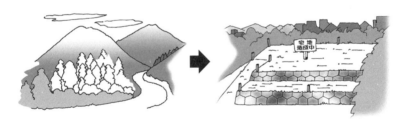

区画割りされた土地や区分所有建物（マンションのように1戸ずつ登記できるもの）であれば、相続などの際に相続人で分けたり、一部を売却したりすることができます。

＜居住地と異なる地域の不動産へ＞

所有不動産が集中するリスクを分散するためや、地価の二極化傾向などを踏まえて、地方在住の人が都心の収益不動産を購入することも増えています。

＜相続税評価額が比較的低い不動産へ＞

　土地の相続税評価額は、公示価格などのいわゆる時価の約8割程度ですが、建物の相続税評価額は建築費の半額程度になることもあります。また、郊外の単価の低い土地よりも都心の単価の高い土地のほうが、小規模宅地等の特例を活用すると相続税評価額が低くなります（3-1-❸-②参照）。

　このように資産の組換えなどによって収益性を高めることができれば、その収益によって相続税の納税資金や生活資金の確保に役立つだけでなく、いざというときのその不動産の換金性も高まります。

　なお、不動産の収益性を維持し高めるためには、さまざまな管理費用の支出が必要となりますが、収益性が低いとそのような費用をかけることができなくなります。維持・管理費用をかけないと、さらに収益性と換金性が低くなるという悪循環に陥ることもありますので注意しなければなりません（2-4-❶-⑥参照）。

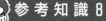

参考知識 8　海外不動産の相続

　海外の不動産を所有している個人に相続が発生した場合は、米国を例にあげると、原則として以下の通りの手続きが必要となります。

　米国では、相続については各州法の定めに従います。そのため、米国にある不動産は、所在する州の相続に関する法律、手続きに関する法律に従うことになりますが、日本の法制度とは異なっていたりする場合があるので、これらの事項を慎重に調査した上で、遺産の分割協議をする必要があります。

　米国での手続きは各州法により若干異なりますが、プロベイトコート（検認裁判所）の裁判官の指示に従い、遺言執行者または遺産管理人が遺産の清算手続きを行います。日本の相続手続きと異なり、遺産税、債務、諸費用の精算後に遺言または州法に従い遺産を分配します。財産の内容・額にもよりますが、手続きには少なくとも1年以上の期間を要し、また相当の手数料を裁判所、遺言執行者等および日本と米国の代理人に指定する弁護士に支払うことになります。

(出所)「海外相続ガイドブック（三菱UFJ信託銀行三輪壮一・並木宏仁著)」
　　　（きんざい）より一部変更

9　円満な遺産分割対策

　円満な遺産分割のためには遺言の作成が有効です。しかし、遺言の作成にあたっては、財産をどのように分けるかが難しいところです。**財産の分け方は、財産額や財産内容、考え方などによって人それぞれですが、本人の考えはもちろんのこと、主に以下のような観点から検討するとよいでしょう。**

＜居住、事業の継続＞

　居住の継続のためには自宅、事業の継続のためには自社株や事業用資産を分割や売却することはなるべく避けなければなりません。家族、特に同居者や後継者の意向などにも配慮しましょう。

＜金額の平等、法定相続分、遺留分＞

　必ずしも、法定相続分に応じて平等に分ける必要はありません。しかし、何の理由もなく、あまりにも法定相続分と金額がかけ離れていると、遺留分侵害などトラブルのもとになります。ただし、時間の経過とともに財産が増えたり減ったりするだけでなく、地価変動などによって評価額が上昇したり下落したりすることがありますし、不動産の価格はいくつもある（2-1-①参照）ことにも注意しましょう。

＜将来のトラブルの回避＞

　不動産を兄弟姉妹での共有にしたり、建物と敷地を別の人のものにしたり、権利関係を複雑にすると、後々のトラブルの原因となります。

＜相続人の状況等＞

　相続人の資産や収入の状況に配慮して分けることも重要です。特に、介護などの寄与分や生前贈与などの特別受益などは十分考慮しましょう（4-1-③参照）。

1章　総合対策

＜納税資金の確保＞

各人の相続税は、できれば各人の相続財産の中の金融資産や不動産の売却・物納で支払えるような分け方にしましょう。

＜相続税の軽減＞

相続財産の分け方次第では、相続税額が大きく異なることもあります（3-1-❸-①、②、④参照）。税理士などの専門家に相談して検討してみましょう。

＜財産一覧表等の作成＞

いきなり遺言書を作るのではなく、まずは1-⑥（現状の把握・分析）に基づき、〔図表1-9-1〕のような財産一覧表や遺産分割案を作ると、遺産分割のバランスや各人の納税資金の過不足などがよくわかります。また、自分で遺産分割案を作成して財産を分けることの難しさを痛感すれば、相続人である家族の負担を少しでも減らしたいという気持ちも生じます。

〔図表1-9-1〕　財産一覧表（遺言による遺産分割案）

種類	所在、金融機関、銘柄等	利用状況、数量等	概算評価額	○○○○様	○○○○様	○○○○様
土地						
建物						
有価証券						
預貯金						
その他						
財産合計						
借入金						
課税価格合計						
（取得割合）						
各人の税額						
金融資産（預貯金、有価証券、生命保険金、退職金等）						
納税資金過不足						

10 相続税の軽減対策

　相続対策には、第一に「円満な遺産分割」、第二に「納税資金の準備」、第三に「相続税の軽減」がありますが、「相続税の軽減」を真っ先に、もしくはそれだけを考えている人も多くいます。しかし、それではうまくいきません。なぜなら、どんなに相続税を少なくすることができても、相続税の納税資金が足りなければ、自宅などの大切な不動産を売らなければならなくなってしまいますし、ましてや相続争いが起こってしまったら、一番大切な家族の絆が失われてしまうことになるからです。そこで、優先順位としては冒頭の通りとなるのです。

　また、配偶者の税額軽減、小規模宅地等の特例などは相続税の申告期限までに遺産分割協議がまとまっていない場合、原則適用されません（3-1-❸-①、②、④参照）。そのため、「相続税の軽減」のためには、「円満な遺産分割」が必要となります。〔図表1-10-1〕の通り、特例が適用できる場合とできない場合では、その税額はかなり違います。

　不動産の活用対策を検討する際に忘れてはならないことは事業収支です。例えば、遊休地にアパートなどの賃貸建物を建築して相続税評価額が下がっても、事業収支の赤字が続くようであれば、最終的にはアパートを安い価格で売らなければならない事態にもなりかねません。また、相続時に売却や物納しにくくなり納税資金が足りなくなったり、分割できずに遺産分割で揉めることのないようにしなければなりません。そして、税制改正なども頻繁に行われていますので、税制などについて継続的にフォローし、定期的に対策を見直すことも必要です（3-4-①参照）。

　相続税の軽減のポイントは、単なる相続税評価額（課税価格）の引下げ

1章 総合対策

〔図表1-10-1〕 相続税額の違い（例）

前提条件		
配偶者の税額軽減、小規模宅地等の特例（特定居住用宅地等）の適用による相続税額の違い 〈法定相続人が配偶者と子ども3人の場合（法定相続割合通りに相続）〉		

資産内容	特例適用不可の場合	特例適用可の場合
自宅土地（240m²）	1億円	2,000万円（＝1億円－8,000万円）(注1)
預　貯　金	1億円	1億円
そ の 他 財 産	1億5,000万円	1億5,000万円
財　産　合　計	3億5,000万円	2億7,000万円
相 続 税 総 額	6,580万円	4,180万円
配偶者の税額軽減	0	△2,090万円(注2)
納付すべき相続税額	6,580万円	2,090万円

差額4,490万円

（注1） 小規模宅地等の特例（特定居住用宅地等）を適用
（注2） 配偶者の税額軽減を適用

ではなく、相続税評価額が実際の価値（売却可能価格）よりも低くなることです。どんなに相続税評価額が下がっても、実際の価値も同程度以上、下がってしまうのではムダ使いしたようなものです。つまり、実際の価値を維持し高めることも必要とされます（2-1-③参照）。なお、不動産などの実際の価値の算定に際しては収益性が重視されていますので、収益性を高めること、すなわち事業収支が重要なポイントとなります。

このように、不動産対策、相続対策は、相続税の軽減などの税金対策だけでなく、売買や有効利用などの活用対策、そして相続における遺産の分割対策といったさまざまな側面から総合的に検討しなければなりません。

⑪ 総合対策の必要性

　土地所有者などが検討すべき不動産についての対策は、以下のようなさまざまなものがあります。税金だけ、不動産だけに偏った対策では、あちらが立てばこちらが立たず、頭隠して尻隠さず、という状況に陥ってしまいがちです。

① **活用対策（2章参照）**

　不動産は所有しているだけでは収益を生まないだけでなく、保有コストがかかります。賃貸建物の建築はもちろんのこと、買換えや売却による金融資産への組換えなど、さまざまな活用対策を検討しましょう。

② **税金対策（3章参照）**

　不動産は相続、保有、売買時にさまざまな税金が課されます。少しでも税金を少なくすることができるような工夫をするだけでなく、相続税の納税資金を事前に準備しておきましょう。

③ **分割対策（4章参照）**

　相続が発生すると遺産を分割しなければなりません。特に不動産は分割することが難しいため、円満な遺産分割のための対策を事前に検討しておきましょう。

　対策を検討するにあたり、個別の不動産だけでなく、所有不動産全体について、さらに預貯金・有価証券などの金融資産、ローンなどの負債を含めた財産全体について、「財産3分法」「土地3分法」の考え方を基本にして、資産の運用、承継（相続）について、総合的かつ長期的な観点から検

討することが重要です。特に相続対策については、「円満な遺産分割」「納税資金の準備」「相続税の軽減」について配慮しなければなりません。

しかし、このような対策を1人で検討し、実行することは不可能に近いものがあります。そこで、**信頼できる専門家に総合的な見地から、建てる、貸す、売る、買う、現状維持など複数の選択肢を示してもらい、客観的な立場で実現可能性も含めてアドバイスをしてもらうようにするとよいでしょう**〔図表1-11-1〕。その際、不動産や税金はもちろんのこと、相続や金融資産の運用・ローンにも強い専門家に相談することが重要です。場合によっては、専門家の士族(税理士、不動産鑑定士、弁護士、司法書士、土地家屋調査士、ファイナンシャル・プランニング技能士)のネットワークなどを活用してチームを組むことも必要になります。

なお、**対策には、メリットがあれば必ずデメリットもあります。そこで、その人やその家族にとって、メリットのほうがデメリットよりも大きくなる、より良い対策がどのようなものかを、本人の将来設計や思いはもちろんのこと、配偶者や後継者となる子どものことなども配慮しながら、判断するとよいでしょう**。

〔図表1-11-1〕 対策の検討(例)

	活用対策	税金対策	分割対策	実現可能性
①不動産2への賃貸住宅建築	○	○	×	△
②不動産6の生前売却	○	○	○	○
③不動産6の物納要件の整備	―	○	―	○
④不動産5の共有関係の解消	○	―	○	△
⑤○○社増資(後継者)	―	○	―	△
⑥養子	―	○	×	×
⑦遺言の作成	―	―	○	○
⑧生命保険の活用	―	○	○	○

(注)〔図表1-6-1〕参照

参考知識9 マンション用地の簡易価格査定

マンション用地としての土地の価格を査定する場合、マンション業者の採算ラインの計算方法を利用することによって、簡易的に算出することができます。

この査定方法は、周辺のマンションの専有面積当たりの販売単価から、以下の計算式によって、その土地の容積率100％当たり（不動産業者の間では「一種」といいます）の単価を求めます。

一種土地単価（m²）＝マンション販売専有単価（m²）÷1.5－建築費単価（m²）

例えば、周辺の標準的なマンションの販売価格が4,000万円（専有面積80m²）の場合の土地（容積率200％）の価格は以下の通りです。
(4,000万円÷80m²)÷1.5－20万円≒13万円／m²
13万円／m²×200％＝26万円／m²

なお、係数の1.5は建物延床面積のうちの販売可能面積割合やマンション業者の経費・利益率などを勘案して算出した数値で、20万円はマンションの建築費の仮定の数値のため、案件や時点によって異なります。この算式はあくまでも簡易的なもののため、実際の価格を査定する場合は専門家に相談してください。

2章 活用対策

1. 不動産の見方
① 不動産（土地）の価格

基礎知識

不動産は個別性が強く、価格を把握することが難しい資産です。土地の価格は「一物四価」といわれ、その特徴は以下の通りです〔図表 2-1-1〕。

＜取引価格（売買価格）＞

売買されていない土地も多く、売買時期が古すぎたり、特別な事情があったりする場合は適正価格から乖離してしまいます。

＜地価公示価格・地価調査価格（基準地標準価格）＞

すべての土地に設定されているわけではなく、価格の高騰や急激な下落時には実勢を反映できていないことがあります。

＜路線価＞

土地そのものではなく、市街地の道路に設定されています。

＜固定資産税評価額＞

評価替えは、原則として3年に1度です。

知識を活かす

＜公示価格や路線価から地価水準を推定する方法＞

以下の通り、おおよその地価水準を把握できます。ただし、用途（住居系、商業系等）の違いによって大きく異なり、別途、価格時点の違いや対象土地の地形、利用状況などの個別的な要因を考慮しなければなりません。

〇前提条件
- ・近隣土地の地価公示価格：755千円／m²、近隣土地の路線価：620千円／m²
- ・対象土地の路線価：640千円／m²

〔図表2-1-1〕 主な土地の価格

	概要	基準日 / 公表時期	主体	価格水準
取引価格	売買された価格	— / —	—	$100±α$
地価公示価格	一般の土地取引の目安となる価格	毎年1月1日 / 3月ごろ	国土交通省	100
地価調査価格		毎年7月1日 / 9月ごろ	都道府県	
路線価	相続税・贈与税の課税の際の基準となる価格	毎年1月1日 / 7月ごろ	国税庁	80
固定資産税評価額	固定資産税等の課税の際の基準となる価格	3年ごと（前年1月1日） / 3月ごろ	市町村（東京23区は東京都）	70

○対象土地の地価水準

・755千円×640千円／620千円≒779千円／m² または

・640千円／m²÷80％＝800千円／m²

＜固定資産税評価額から地価水準を推定する方法＞

また、固定資産税評価額からもおおよその地価水準を把握することができます。なお、固定資産税評価額の評価替えは、原則3年ごとです。

○前提条件

対象土地の固定資産税評価額：70,000千円

○対象土地の価格水準

70,000千円÷70％＝100,000千円

なお、国土交通省の土地総合情報システム（http://www.land.mlit.go.jp/webland/）で、取引価格情報、地価公示価格、地価調査価格を検索することができます。

1．不動産の見方
② 価格を求める手法

基礎知識

不動産鑑定評価で価格を求める手法は、以下の3つがあります。

① **原価法（積算価格）**

　　対象不動産の再調達原価（その時点で土地を造成したり、建物を建築したりする場合の価格）を求めて、この再調達原価について減価修正（経過年数による物理的減価など）を行って求める手法です。

② **取引事例比較法（比準価格）**

　　多数の取引事例を収集して適切な選択を行い、適宜、これらの取引価格に事情補正、時点修正を施し、地域要因、個別的要因の比較などを行って求められた価格を比較考量して求める手法です。

③ **収益還元法（収益価格）**

　　対象不動産が将来生み出すであろうと期待される純収益の現在価値の総和により求める手法です。

　　収益価格＝一定期間の純収益÷還元利回り（直接還元法）

知識を活かす

　公示価格や適正な市場価格などの算出においては、 基礎知識 の不動産鑑定評価の3つの手法による価格が基準とされます。

　従来は、取引事例比較法によって求められることが多かったのですが、最近は、収益重視の流れから、収益還元法が重視されています。取引事例比較法の場合、バブル時代などの地価高騰時には、周辺の地価が上昇すると他の不動産の価格も高騰しますが、収益還元法の場合、対象不動産の収

益性によって評価するため、そのような欠点はないといわれていました。

しかし、**収益還元法の場合、純収益が同額でも還元利回りによって価格が大きく異なります**。例えば、純収益が800万円／年の場合、利回り4％が適正であると判断されれば価格は2億円、2％では4億円、6％では1億3,333万円、8％では1億円となります〔**図表2-1-2**〕。つまり、利回り次第ではかなりの価格の開きが生じる可能性があります。

この還元利回りは、金融市場の利子率などと比較考量して判断することになりますが、個別の不動産ごとに流動性などによって異なることになります。また、最近は、J-REIT（リート）など不動産の金融商品化が進んでいるため、金利などの金融市場の動向についても十分検討する必要があります。

〔図表2-1-2〕 収益還元法による価格

前提条件
純収益：800万円

〈還元利回り2％の場合〉
800万円÷2％＝ 4億円

〈還元利回り4％の場合〉
800万円÷4％＝ 2億円

〈還元利回り6％の場合〉
800万円÷6％≒ 1億3,333万円

〈還元利回り8％の場合〉
800万円÷8％＝ 1億円

1. 不動産の見方
③ 不動産の種類と価格

基礎知識

主な不動産（土地、建物）の種類は以下の通りです。

＜土地＞
- **更地（自用地）**：その土地上に建物等がなく、借地権など使用収益を制約する権利のない土地
- **建付地**：土地上に自分の建物がある、つまり土地・建物が同一所有者の場合の、建物の敷地となっている土地
- **借地権**：借地借家法に基づく借地権（建物の所有を目的とする地上権または土地の賃借権）
- **底地（貸宅地）**：賃貸した土地上に他人の建物があり、借地権が付着している土地の所有権

＜建物およびその敷地＞
- **自用の建物およびその敷地**：建物所有者と土地の所有者および建物の利用者も同じ人である場合の建物とその敷地
- **貸家およびその敷地**（貸家と貸家建付地）：建物所有者と土地の所有者は同じ人で、建物を貸している場合の建物とその敷地
- **区分所有建物**：マンションなど建物の区分所有等に関する法律における専有部分と共用部分の共有持分ならびに敷地利用権（参考知識13参照）

知識を活かす

建物およびその敷地（土地建物）の価格は、単純に土地と建物の価格を

2章 活用対策

足せばよいというものではありません。例えば、更地価格1億円（自用地相続税評価額8,000万円）の土地に建築費1億円でアパートを建てると土地建物の価格は2億円と考えてよいのでしょうか。

鑑定評価における不動産の価格は、その不動産を最も有効に利用する方法（最有効使用）に基づいて決定されます。その土地の有効利用に適さない建物があるため、土地の本来の価値が発揮できない場合、土地に建付減価が発生しているといい、更地価格から価値の目減り分を減額します。

また、このようなアパートなどの収益物件の価格を求める際、収益還元法が重要となります（2-1-②参照）。還元利回りが6％の場合、純収益が800万円／年では価格は1億3,333万円、600万円／年では1億円、1,000万円／年では1億6,667万円、1,200万円／年では2億円となり、収益性によって価格は大きく異なります。

一方、相続税評価額は、そのような収益性は考慮されません。前記のような場合には、〔図表2-1-3〕の通り、1億760万円程度の評価になります。ただし、**相続税の軽減を目的としてアパートなどを建築して、合計で2億円の価値のあった不動産（土地建物）が相続税評価上1億760万円になっても、土地が最有効使用されておらず収益性が低い場合は、実際の資産価値（売買価格）も低くなってしまうため、注意が必要です。**

〔図表2-1-3〕 アパートの土地建物の評価額

【前提条件】
◆土地更地価格：1億円
　（自用地相続税評価額：8,000万円）
◆借地権割合：60％、借家権割合：30％、賃貸割合100％
◆建物建築費：1億円
◆建物固定資産税評価額：6,000万円
　（建築費の6割と仮定）

→

【相続税評価額（土地・建物）】
①土地（貸家建付地）の評価額
　8,000万円×（1−0.6×0.3×1.0）
　＝6,560万円
②建物（貸家）の評価額
　6,000万円×（1−0.3×1.0）
　＝4,200万円
計　1億760万円

1．不動産の見方
④ 不動産の調査

基礎知識

不動産の購入や有効活用にあたっては、さまざまな事項の調査が必要となります。主な調査事項は以下の通りです〔図表2-1-4〕。

＜所有者調査＞

関連書類を集め、面談し、土地や建物のこれまでの経緯を把握します。

〔図表2-1-4〕 主な調査事項

		調査先、調査資料等	調査内容
物的内容権利関係		＜所有者＞売買契約書、賃貸借契約書、権利証（または登記識別情報）、各種図面	所有者、売買・建築の経緯、利用状況の推移、過去の事故、近隣関係
		＜現地＞土地、建物、道路、交通、周辺環境	間口・奥行、地形、地勢、地質・地盤、境界、越境、建物用途、増改築状況、利用状況、道路幅員、騒音、嫌悪施設の有無、駅からの距離・時間
		＜登記所（法務局、地方法務局）＞登記事項証明書、登記事項要約書、公図・14条地図、地積測量図、建物図面	所在、面積、地目、構造、用途、権利関係（所有権、所有権以外の権利）道路所有者
		＜市町村役場＞固定資産税課税台帳、固定資産税評価証明書	所有者、面積、地目、用途
都市計画		＜市町村役場＞都市計画図	用途地域、その他の地域地区、建ぺい率・容積率
道路関係		＜市町村役場、土木事務所＞道路台帳	幅員、管理者、位置指定道路、42条2項道路、道路境界
供給処理施設	水道	＜市町村役場（水道局）＞上水道配管図	道路埋設状況、敷地引込状況、負担金、上水管所有者
	下水	＜市町村役場（下水道局）＞下水道配管図	道路埋設状況、敷地との接続状況、合流式・分流式、負担金、下水管所有者
	ガス電気	＜ガス・電気会社＞ガス・電気配管（配線）図	道路埋設（配線）状況、敷地引込状況
その他		＜市町村役場＞	土壌汚染
		＜教育委員会＞	埋蔵文化財

2章　活用対策

＜現地調査＞

対象不動産の現地で、土地や建物などの状況や隣地・道路との境界、前面道路の幅員、周辺の環境などを確認します。

＜登記所（法務局）での調査＞

登記簿で対象不動産の権利関係について調査するとともに、公図などで位置や形状などを調査します。

＜法令上の制限の調査＞

市町村役場などで、都市計画法や建築基準法など、建物の建築等に関する法令上の制限について調査します（2-3-①～③参照）。

＜供給処理施設の調査＞

水道、下水、ガス、電気など供給処理施設の状況について調査します。

知識を活かす

不動産調査の基本は現地にあります。まず、現地で対象不動産を間違いなく特定し、土地の形状や地勢（がけ、高低差）、建物の状況だけでなく、対象不動産周辺を幅広く検分することが必要です。

特に、**現地でしかわからない事項や、各種資料などの内容と現地の状況の一致・不一致を確認することが重要です**。土地や建物に思わぬ占有者がいたり、登記簿や地図には建物が存在するのに実際にはなかったり、更地のはずが現地に建物があったり、図面にはない増改築がされていたりするなど、さまざまなことが判明することがあります。

また、**隣地や道路との境界について、越境物の有無を含めて現地でしっかりと確認しましょう**（2-1-⑥参照）。

なお、がけ地などは、売買価格だけでなく、相続税評価でも一定の割合で減額することができます。

1. 不動産の見方
⑤ 不動産登記

基礎知識

不動産登記の内容を調査するためには以下の書面等があります。

＜登記事項証明書＞

登記事項証明書は、従来の登記簿謄抄本にあたります〔図表2-1-5〕。「全部事項証明書」は、登記記録の全部の事項を証明した書面で、「現在事項証明書」は登記記録の現に効力を有する事項を証明した書面です。

＜登記事項要約書＞

登記記録の事項の概要を記載した書面であり、従来の登記簿の閲覧に代わるものです。

＜登記済証、登記識別情報＞

従来、登記を行うと、その登記について「登記済証」が交付されていました（いわゆる「権利証」とは、所有権を取得したときの登記に係る登記済証のことです）。

平成20年7月に全登記所でオンライン申請が可能になり、所有権移転登記完了後は、登記済証に代わり12桁の英数字による「登記識別情報」が、原則、登記名義人に通知されます。

知識を活かす

不動産の権利関係を調査する際、一番重要となるものは登記です。

ただし、**不動産登記には公信力がありません**。例えば、登記書類を偽造して登記された場合など、真実の権利を反映しない登記を信頼して、登記記録上の者と取引した者は、原則保護されません。

2章　活用対策

　不動産購入などにあたって所有者を確認するためには、登記簿（登記記録）等だけでなく、所有者が取得した際の売買契約書や、土地建物の利用者などの現地の状況や近隣へのヒアリング、固定資産税の納付状況なども含めて、信頼できる不動産業者などに調査してもらうとよいでしょう。

〔図表2-1-5〕　登記事項証明書（土地）（例）

様式例・1

表題部　（土地の表示）	調製	余白	不動産番号	0000000000000
地図番号	余白	筆界特定	余白	
所　在	特別区南都町一丁目		余白	

①地番	②地目	③地積　㎡	原因及びその日付〔登記の日付〕
101番	宅地	300：00	不詳〔平成20年10月14日〕

所有者	特別区南都町一丁目1番1号　甲野太郎

権利部（甲区）　（所有権に関する事項）			
順位番号	登記の目的	受付年月日・受付番号	権利者その他の事項
1	所有権保存	平成20年10月15日第637号	所有者　特別区南都町一丁目1番1号　甲野太郎
2	所有権移転	平成20年10月27日第718号	原因　平成20年10月26日売買所有者　特別区南都町一丁目5番5号　法務五郎

権利部（乙区）　（所有権以外の権利に関する事項）			
順位番号	登記の目的	受付年月日・受付番号	権利者その他の事項
1	抵当権設定	平成20年11月12日第807号	原因　平成20年11月4日金銭消費貸借同日設定債権額　金4,000万円利息　年2・60％（年365日日割計算）損害金　年14・5％（年365日日割計算）債務者　特別区南都町一丁目5番5号　法務五郎抵当権者　特別区北都町三丁目3番3号　　　　　株式会社南北銀行　　　　　（取扱店　南都支店）共同担保　目録(あ)第2340号

これは登記記録に記録されている事項の全部を証明した書面である。

平成21年3月27日
関東法務局特別出張所　　　　　登記官　　　　　　法　務　八　郎

＊　下線のあるものは抹消事項であることを示す。　　　整理番号　D23992　（1／1）　　1／1

（注）　上記は実際のものとは異なります。
（出所）　法務省民事局ホームページより一部変更

1．不動産の見方
⑥ 地図、公図、その他の図面

基礎知識

不動産の位置の特定、形状、面積、境界等を知るために必要な図面として以下のものがあります。

＜地図（14条地図）＞

不動産登記法14条に基づく地図であり、精度が高く、縮尺は市街地では250分の1または500分の1です。いわゆる14条地図は、登記所に備え付けることになっていますが、実際には備置きが遅れています。

＜公図＞

旧土地台帳付属地図のことをいい、地図に準ずる図面として登記所に備え付けられています〔図表2-1-6〕。14条地図と異なり、精度はあまり高くありませんが、土地の位置、形状、隣地との関係を明らかにするためには欠かすことのできないものです。

＜地積測量図＞

土地の形状や面積を示した図面です。精度は高いのですが、すべての土地に備えられているわけではありません。

＜建物図面、各階平面図＞

登記されている建物の位置や形状がわかる図面です。建物の各階の形状、床面積や建物が敷地のどの部分に建てられているかが示されています。

知識を活かす

基礎知識 で述べたように、**すべての土地について正確な測量に基づく図面が登記所に備え付けられているわけではないため、実際の面積が登**

記簿と異なったり、隣地や道路との境界が明らかでなかったりする土地がたくさんあります。そのため、境界をめぐるトラブルが多く発生しています。

〔図表2-1-6〕 公図（例）

（注） 上記は実際のものとは異なります。

　境界など普段は意識していなくても、不動産の売買や有効利用の際に測量することで表面化することが多々あります。

　なお、土地の測量（実測）にあたっては、隣接地との境界を確定することが必要です。一般的な境界の確定方法は、その土地の所有者がその土地に接している土地の所有者（道路であれば国や地方公共団体）に立会いをしてもらい、境界標などを設置し、境界同意書などの書面を徴求します。

　また、境界標があって境界が明らかであっても、越境によりもめることもあります。塀や建物などだけでなく、建物の2階部分に設置されている空調設備や、樹木の枝や根などの越境が問題になることもあります。

　なお、隣接する土地との間の境の点やこれを結ぶ線である筆界をめぐる紛争の早期解決を目的とした筆界特定制度があります（参考知識3参照）。

　いずれにしても、いざというときに争いに巻き込まれないためにも、信頼できる専門家に、事前に相談して、土地の測量などをしておくことが重要です。

2．不動産の取引
① 媒介契約

> 基礎知識

　不動産業者に不動産売買の依頼をする際、媒介契約を結ぶこととなります。媒介契約の種類は以下の通りです〔図表 2-2-1〕。
＜一般媒介契約＞
　依頼者が他の不動産業者（宅地建物取引業者）に重ねて依頼することができる契約です。また、依頼者が自ら探した相手と売買契約をすることもできます。
＜専任媒介契約＞
　依頼者が他の不動産業者に重ねて依頼することを禁じる媒介契約です。ただし、依頼者が自ら探した相手と売買契約をすることはできます。
＜専属専任媒介契約＞
　専任媒介契約のうち、不動産業者が探し出した相手以外の者と売買契約ができない旨の特約を含むものをいいます。この契約では、依頼者が自ら探した相手とも売買契約をすることはできません。

> 知識を活かす

　媒介契約には 基礎知識 の通り3種類ありますが、不動産を売却する場合、どれがよいのでしょうか。なるべく多くの業者に依頼したほうが、より早くより高く買ってくれる人がみつかるような気がしますが、実はそうとも限りません。知っておかなければならないことは、不動産業者の手数料は成功報酬であるということです。
　そこで、いかに不動産業者に積極的にセールスしてもらえるようにする

〔図表2-2-1〕 媒介契約の種類

	一般媒介契約	専任媒介契約	専属専任媒介契約
内容	●他の業者に重ねて依頼できる ●自己発見取引(注1)が認められている	●他の業者に重ねて依頼できない ●自己発見取引(注1)が認められている	●他の業者に重ねて依頼できない ●自己発見取引(注1)が認められていない
契約期間	特になし (3カ月以内が標準)	3カ月以内	3カ月以内
業務状況の報告義務	なし	2週間に1回以上	1週間に1回以上
指定流通機構(注2)への物件登録義務	なし	7日以内	5日以内

(注1) 依頼者が自ら探した相手との取引
(注2) 宅地建物取引業者間で物件情報を広く交換するためのシステムを運営することを目的として、国土交通大臣の指定を受けた不動産流通機構で、その不動産情報ネットワーク・システムは、REINS(レインズ)と呼ばれています。

かがポイントになります。そのため、**信頼できる業者1社に絞って不動産売買の一切を任せるというのも1つの方法です**。こうすれば、土地や建物の事前の調査をしっかり実施してもらうことができます。もちろん不動産業者は、売買契約の前にはしっかり調査した上で、重要事項説明書を作成しますが、セールスの段階から問題点などがわかっていれば、早めに対処することができ、トラブル防止にもつながります。

2．不動産の取引
② 売買契約書

> 基礎知識

売買契約書〔図表 2-2-2〕で、特に留意すべき事項は以下の通りです。

＜手付金（第3条）＞

民法では、一般的に手付金は解約手付と解釈されています。

解約手付が交付された場合、相手方が契約の履行に着手するまでは、契約を解除することができます。 この場合、買主は交付した手付金を放棄して、売主は手付金の倍額を償還（手付金を返還し、さらに同額を買主に交付）して契約を解除します（いわゆる「手付流し」「手付倍返し」）。

＜売買対象面積（第4条）＞

不動産の登記簿に記載されている面積（登記面積）と、実際に土地を測量した面積（実測面積）とは必ずしも一致しません。

公簿売買とは、登記簿記載の面積で売買し、測量を行った実測面積と登記面積が相違していても、売買代金の増減精算を行わない方法です。

実測（精算）売買とは、契約時に登記面積を前提に売買代金を計算し、引渡しまでの間に土地の実測を行い、実測面積が登記面積と相違したときは、その面積の差につき一定の単価で売買代金を増減する方法です。

＜瑕疵担保責任（第10条）＞

売買した目的物に通常の注意を払っても発見できないような**隠れた瑕疵（欠陥）があった場合は、売主はその瑕疵について過失がなくても責任を負わなければなりません。**

2章　活用対策

知識を活かす

＜手付金＞

履行の着手とは、一般的には、売主については登記や引渡しであり、買主については代金の提供といわれています。しかし、時期が不明確な場合もあり、**その解釈でもめることもあります。**

＜売買対象面積＞

市街地の土地は地価が高いため、売買を行う場合は、たいてい実測売買となりますが、**契約後に測量を行う場合、引渡しまでに実測が完了しないと大変なことになってしまいます。**境界に関するトラブルは大変多く、仮にトラブルにならなくても、立会いや境界同意書の徴求に時間がかかるなど、思わぬ事態に陥りかねません。

なお、公簿売買であっても、売主には境界を明示する義務があります。

＜瑕疵担保責任＞

建物の雨漏りや、土台のシロアリの被害などだけでなく、都市計画道路用地として決定されている土地で住宅を建築することができない場合などの法律的な欠陥も、瑕疵担保責任に含まれるといわれています。

特に、**地中の状態は非常にわかりにくいため、トラブルになりがちです。**他人の上下水道などの配管が通っていたり、昔の堅固な建物の基礎が残っていたりするとトラブルになります。

最近は、土地の土壌汚染や建物の耐震性能なども問題になっています。

〔図表2-2-2〕　売買契約書（例）

(戸建用)　　　　　　　　　　　　　　不動産売買契約書
売主　甲山一郎　（以下「甲」といいます）と買主　乙川三郎（以下「乙」といいます）は、甲所有の後記土地建物（以下「本物件」といいます）について本日、次の通り売買契約を締結したので、その証として本書2通を作成し、甲、乙署名捺印のうえ、各自1通ずつ保有します。

（売買契約の成立）
第1条　甲は、本物件を乙に売り渡し、乙はこれを買い受けるものとします。
（売買代金）
第2条　本物件の売買代金は、金　　　　　　　円也とし、その内訳は次の通りとします。
　　　　土　地　金　　　　　　　円也
　　　　建　物　金　　　　　　　円也（※うち消費税等　金　　　　　　　円也）
（売買代金の支払方法）
第3条　乙は、売買代金を次の通り甲に支払います。なお、手付金は残代金支払時に売買代金の一部に充当するものとし、手付金には利息を付けません。

名　目	種　類	金　　額	支　払　時　期
手付金	現金	金　　　　円也	本契約締結時
内　金(1)	現金	金　　　　円也	平成　　年　　月　　日
内　金(2)	現金	金　　　　円也	平成　　年　　月　　日
残代金	現金	金　　　　円也	平成　　年　　月　　日

　2．甲または乙は、相手方がこの契約の履行に着手するまでは、乙は手付金を放棄して、甲は手付金の倍額を乙に交付して、それぞれこの契約を解除することができます。
（売買対象面積）
第4条　本物件のうち土地については、境界確定後の実測面積によるものとし、これが登記記録の面積と相違した場合は、1㎡当たり金　　　　　　円也で残代金支払時に精算します。
　2．建物については登記記録の通りとし、実際の構造または面積が登記記録と相違しても、甲、乙互いに売買代金の増減を請求しません。
（引渡しおよび所有権の移転）
第5条　甲は、売買代金の全額を受領すると同時に、乙に対し本物件を引渡し、本物件の所有権を乙に移転します。
　2．甲は、売買対象から除外する旨を乙に通知したものを除き、本物件に附属する樹木、庭石、門、塀その他建物の造作一切を、本物件引渡し時の現状のまま乙に引き渡します。
（登記手続）
第6条　甲は、売買代金の全額受領と同時に、乙に対し、本物件の所有権移転登記申請に必要な書類一式を交付します。
　2．前項の所有権移転登記に要する登録免許税、司法書士手数料等の費用は乙の負担とします。
（境界の確定）
第7条　甲は、本物件の引渡し時までに、甲の責任と負担で、本物件の隣地および道路との境界を確定し、乙に明示します。また、隣地所有者の境界同意書および道路管理者の境界確定通知書を添付した土地の実測図を乙に交付します。
（権利の瑕疵の除去）
第8条　甲は、本物件に抵当権、質権その他乙の完全な所有権の行使を阻害する一切の権利、負担等がある場合は、本物件の引渡し時までに、これらを除去抹消し、何ら瑕疵のない完全な所有権を乙に移転します。
（危険負担）
第9条　甲、乙は、本物件の引渡しの完了前に、天災地変その他甲、乙のいずれの責めにも帰することのできない事由により、本物件が滅失または毀損したときは、次の各号により処理します。
　①　本物件が滅失し、または毀損の程度が著しく、乙の買受けの目的を達することができないときは、乙は本契約を解除することができます。
　②　本物件の被害の程度が修復可能なときは、甲はその責任と負担において本物件を修復して乙に引き渡します。この場合、修復工事のために第5条の引渡日を超えても、その期間が相当なものであれば、乙は甲に対し、その引渡しの延期について損害賠償、その他異議を申し出ません。

2章 活用対策

③ 前号の修復が著しく困難なとき、また過大な費用を要するときは、甲は本契約を解除することができます。
④ 第1号または前号により、本契約が解除されたときは、甲は速やかに受領済みの金員全額を無利息で乙に返還します。
⑤ 甲、乙は互いに相手側に対し前各号に定める他何らの請求をしません。

(瑕疵担保責任)
第10条 乙は、本物件に隠れた瑕疵があり、この契約を締結した目的が達せられない場合は契約の解除を、その他の場合は損害賠償の請求を、甲に対してすることができます。
2．建物については、乙は甲に対して、前項の損害賠償に代え、またはこれとともに修繕の請求をすることができます。
3．本条による解除または請求は、本物件の引渡し後2年を経過したときはできません。

(公租公課の負担等)
第11条 本物件から生ずる収益、または本物件に係る固定資産税および都市計画税ならびに電気、ガスおよび水道等の使用料は、本物件の引渡し日をもって区分し、その前日までの分は甲、その日以降の分は乙の収入または負担とします。なお、固定資産税、都市計画税の起算日は1月1日とします。
2．この契約書に貼付する印紙の費用は各自保有する分を負担します。

(契約の解除等)
第12条 甲または乙が、この契約書に定めた事項を履行しない場合は、その相手方は7日以上の期間を定めてその履行を催告し、なおこれに応じないときは本契約を解除することができます。
2．前項により本契約が解除された場合は、契約不履行者はその相手方に対し、違約金として
金　　　　　　　　円也を支払わなければなりません。

(管轄裁判所)
第13条 この契約について紛争が生じた場合は、○○地方裁判所を管轄裁判所とすることに、甲および乙はあらかじめ合意しました。

(その他)
第14条 この契約書に定めのない事項については、民法その他の関係法令および一般の不動産取引慣行に従い、甲、乙ともに誠意をもって協議して決定します。

以　上

平成　　年　　月　　日

甲
乙
宅地建物取引業者（媒介）
宅地建物取引主任者

物件の表示

土　地
　　所在地番
　　地　　目
　　地　　積　　　　　　　　　m²
建　物
　　所　在　地
　　家　屋　番　号
　　種類・構造
　　床　面　積　　　　　　　　m²

(出所)『2009年度版 FP技能検定教本3級 3分冊 不動産』(きんざい)より一部変更
(注) 本契約書はあくまでも1つの例ですので、実際の契約締結前には専門家にご相談ください。

2．不動産の取引
③ 賃貸借契約書

基礎知識

賃貸借契約書〔図表2-2-4〕で最近増えているトラブルは以下の条項です。

＜敷金（第6条）＞

敷金とは、賃借人（借主）の債務を担保する目的で賃貸人（貸主）に交付される金銭です。〔図表2-2-4〕の契約書では、物件の明渡し後、敷金の全額を返還しなければなりませんが、賃料の滞納、原状回復に要する費用などを敷金から差し引くことができると定められています。

＜修繕（第9条）＞

民法では、借家における建物の修繕義務は貸主にあります。〔図表2-2-4〕の契約書でも、電球・蛍光灯の取替え等の費用が軽微な修繕以外は、貸主が行わなければならないとされています。

＜明渡し（第13、14条）＞

〔図表2-2-4〕の契約書では、物件を明け渡す場合、借主は通常の使用に伴い生じた損耗を除き、原状回復しなければならないとされています。ただし、どの程度が通常の使用による自然的損耗かなどの原状回復の範囲については不明確になりがちです。

知識を活かす

基礎知識の通り、**アパートなどの賃貸住宅の借主の退去時における敷金の精算・返還時のトラブルが増加しています。**そのため、国土交通省のガイドラインや東京都の条例などで、以下の通り一定の考え方が示され

2章　活用対策

ています。

　壁に貼ったポスターや絵画の跡など、**通常損耗（通常の使用に伴って生じる程度の損耗）や経年変化（時間の経過に伴って生じる損耗）などによる修繕費は、家賃に含まれているとされており、原則、借主に原状回復義務は生じません。**

　借主の原状回復義務とは、タバコによる畳の焼焦げなど、借主の故意・過失や通常の使用方法に反する使用といった借主の責任によって生じた損傷などを退去時に復旧することです。借りていた物件を契約締結時とまったく同じ状態に回復するということではありません〔**図表 2-2-3**〕。

　いずれにしても、このようなトラブルを防止するためにも、信頼できる不動産業者と相談して、しっかりした書面を作成するだけでなく、借主に十分説明し理解してもらうことが重要です。また、特に入居時と退去時には、関係者立会いのもとで物件確認をしっかり行いましょう。

〔図表 2-2-3〕　賃貸借物件の価値変化イメージ

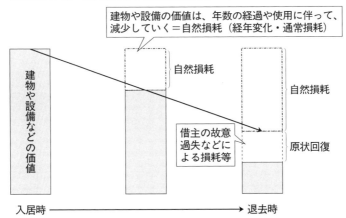

（出所）『賃貸住宅トラブル防止ガイドライン』（東京都都市整備局編集・発行）

〔図表2-2-4〕 賃貸住宅標準契約書

(1) 賃貸借の目的物

建物の名称・所在地等	名　称	スカイガーデン新宿			
	所在地	東京都新宿区西新宿□丁目□番地□ （住居表示：東京都新宿区西新宿□丁目□番□号スカイガーデン新宿○○○号）			
	建て方	㊥共同建・長屋建・一戸建・その他	構造	木造・㊗非木造（　　　）	工事完了年 昭和○○年 大規模修繕を （　　）年 実　施
				5　階建	
			戸数	15　戸	
	住戸番号	○○○号室	間取り	（ 2 ）LDK・㊗K／ワンルーム／	
	面　積	（壁芯）42.90 ㎡（それ以外に、バルコニー_____㎡） （　登記簿面積　38.87 ㎡　）			
住戸部分	設備等	トイレ	専用（㊗水洗・非水洗）・共用（水洗・非水洗）		
		浴室	㊗・無		
		シャワー	㊗・無		
		洗面台	㊗・無		
		洗濯機置場	㊗・無		
		給湯設備	㊗・無　ガス給湯器（台所、浴室、洗面）		
		ガスコンロ・電気コンロ・IH調理器	有・㊗		
		冷暖房設備	㊗・無　エアコン1機、居間に設置済		
		備え付け照明設備	有・㊗		
		オートロック	有・㊗		
		地デジ対応・CATV対応	㊗・無　地デジのみ		
		インターネット対応	有・㊗		
		メールボックス	㊗・無		
		宅配ボックス	有・㊗		
		鍵	㊗・無　（鍵No.　12345　・ 2 本）		
			有・無		
	使用可能電気容量	（　㉕　）アンペア			
	ガス	㊗・㊗都市ガス・プロパンガス）・無			
	上水道	水道本管より㊗・受水槽・井戸水			
	下水道	㊗・㊗公共下水道・浄化槽）・無			
附属施設	駐車場	含む・㊗含まない　_____台分（位置番号：_____）			
	バイク置場	含む・㊗含まない　_____台分（位置番号：_____）			
	自転車置場	㊗含む・含まない　1 台分（位置番号：No. 8）			
	物置	㊗含む・含まない			
	専用庭	含む・㊗含まない			
		含む・含まない			

2章 活用対策

(2) 契約期間

始期	平成 ○○ 年 ○ 月 ○ 日から	2 年 0 月間
終期	平成 ○○ 年 ○ 月 ○ 日まで	

(3) 賃料等

賃料・共益費	支払期限	支払方法
賃　料　140,000 円	当月分・㊙翌月分㊙を 毎月 末 日まで	振込先金融機関名： 株式会社○○銀行 ㊙振込㊙ 預金：㊙普通㊙・当座 口座 口座番号：00000000
共益費　5,000 円	当月分・㊙翌月分㊙を 毎月 末 日まで	振替 口座名義人：中野　一太郎 又は 振込手数料負担者：貸主・㊙借主㊙ 持参 持参先：
敷　金　賃料 2 か月相当分 280,000 円	その他 一時金　なし	
附属施設使用料	なし	
その他	なし	

(4) 貸主及び管理業者

貸　主 (社名・代表者)	住　所　〒164-0011　中野区中央△－△－△ 氏　名　中野　一太郎　電話番号　03-0000-0000
管理業者 (社名・代表者)	所在地　〒164-0001　中野区中野□－□－□ 氏　名　○○管理株式会社　電話番号　03-1000-0001 賃貸住宅管理業者登録番号　国土交通大臣（ 1 ）第　　　0000000 号

＊貸主と建物の所有者が異なる場合は、次の欄も記載すること。

建物の所有者	住所　〒 氏　名　　　　　　　　　　電話番号

(5) 借主及び同居人

	借　主	同　居　人	
氏　名	（氏名） 　　東京　太郎 （年齢）　　○○　歳	（氏名）東京　花子　　　　（年齢）△△歳 (氏名）東京　さくら　　　（年齢）□歳 （氏名）　　　　　　　　　（年齢）　歳 合計　3 人	
緊急時の連絡先	住　所　〒202-0011　西東京市泉町○－○－○ 氏　名　東京　泉一郎　電話番号 042-000-0000　借主との関係　父		

（契約の締結）
第1条　貸主（以下「甲」という。）及び借主（以下「乙」という。）は、頭書(1)に記載する賃貸借の目的物（以下「本物件」という。）について、以下の条項により賃貸借契約（以下「本契約」という。）を締結した。
（契約期間及び更新）
第2条　契約期間は、頭書(2)に記載するとおりとする。
2　甲及び乙は、協議の上、本契約を更新することができる。
（使用目的）
第3条　乙は、居住のみを目的として本物件を使用しなければならない。
（賃料）
第4条　乙は、頭書(3)の記載に従い、賃料を甲に支払わなければならない。
2　1か月に満たない期間の賃料は、1か月を30日として日割計算した額とする。
3　甲及び乙は、次の各号の一に該当する場合には、協議の上、賃料を改定することができる。
　一　土地又は建物に対する租税その他の負担の増減により賃料が不相当となった場合
　二　土地又は建物の価格の上昇又は低下その他の経済事情の変動により賃料が不相当となった場合
　三　近傍同種の建物の賃料に比較して賃料が不相当となった場合
（共益費）
第5条　乙は、階段、廊下等の共用部分の維持管理に必要な光熱費、上下水道使用料、清掃費等（以下この条において「維持管理費」という。）に充てるため、共益費を甲に支払うものとする。
2　前項の共益費は、頭書(3)の記載に従い、支払わなければならない。
3　1か月に満たない期間の共益費は、1か月を30日として日割計算した額とする。
4　甲及び乙は、維持管理費の増減により共益費が不相当となったときは、協議の上、共益費を改定することができる。
（敷金）
第6条　乙は、本契約から生じる債務の担保として、頭書(3)に記載する敷金を甲に預け入れるものとする。
2　乙は、本物件を明け渡すまでの間、敷金をもって賃料、共益費その他の債務と相殺をすることができない。
3　甲は、本物件の明渡しがあったときは、遅滞なく、敷金の全額を無利息で乙に返還しなければならない。ただし、甲は、本物件の明渡し時に、賃料の滞納、第14条に規定する原状回復に要する費用の未払いその他の本契約から生じる乙の債務の不履行が存在する場合には、当該債務の額を敷金から差し引くことができる。
4　前項ただし書の場合には、甲は、敷金から差し引く債務の額の内訳を乙に明示しなければならない。
（反社会的勢力の排除）
第7条　甲及び乙は、それぞれ相手方に対し、次の各号の事項を確約する。
　一　自らが、暴力団、暴力団関係企業、総会屋若しくはこれらに準ずる者又はその構成員（以下総称して「反社会的勢力」という。）ではないこと。
　二　自らの役員（業務を執行する社員、取締役、執行役又はこれらに準ずる者をいう）が反社会的勢力ではないこと。
　三　反社会的勢力に自己の名義を利用させ、この契約を締結するものでないこと。
　四　自ら又は第三者を利用して、次の行為をしないこと。
　　ア　相手方に対する脅迫的な言動又は暴力を用いる行為
　　イ　偽計又は威力を用いて相手方の業務を妨害し、又は信用を毀損する行為

(禁止又は制限される行為)
第8条　乙は、甲の書面による承諾を得ることなく、本物件の全部又は一部につき、賃借権を譲渡し、又は転貸してはならない。
2　乙は、甲の書面による承諾を得ることなく、本物件の増築、改築、移転、改造若しくは模様替又は本物件の敷地内における工作物の設置を行ってはならない。
3　乙は、本物件の使用に当たり、別表第1に掲げる行為を行ってはならない。
4　乙は、本物件の使用に当たり、甲の書面による承諾を得ることなく、別表第2に掲げる行為を行ってはならない。
5　乙は、本物件の使用に当たり、別表第3に掲げる行為を行う場合には、甲に通知しなければならない。

(契約期間中の修繕)
第9条　甲は、乙が本物件を使用するために必要な修繕を行わなければならない。この場合において、乙の故意又は過失により必要となった修繕に要する費用は、乙が負担しなければならない。
2　前項の規定に基づき甲が修繕を行う場合は、甲は、あらかじめ、その旨を乙に通知しなければならない。この場合において、乙は、正当な理由がある場合を除き、当該修繕の実施を拒否することができない。
3　乙は、甲の承諾を得ることなく、別表第4に掲げる修繕を自らの負担において行うことができる。

(契約の解除)
第10条　甲は、乙が次に掲げる義務に違反した場合において、甲が相当の期間を定めて当該義務の履行を催告したにもかかわらず、その期間内に当該義務が履行されないときは、本契約を解除することができる。
　一　第4条第1項に規定する賃料支払義務
　二　第5条第2項に規定する共益費支払義務
　三　前条第1項後段に規定する費用負担義務
2　甲は、乙が次に掲げる義務に違反した場合において、甲が相当の期間を定めて当該義務の履行を催告したにもかかわらず、その期間内に当該義務が履行されずに当該義務違反により本契約を継続することが困難であると認められるに至ったときは、本契約を解除することができる。
　一　第3条に規定する本物件の使用目的遵守義務
　二　第8条各項に規定する義務（同条第3項に規定する義務のうち、別表第1第六号から第八号に掲げる行為に係るものを除く。）
　三　その他本契約書に規定する乙の義務
3　甲又は乙の一方について、次のいずれかに該当した場合には、その相手方は、何らの催告も要せずして、本契約を解除することができる。
　一　第7条各号の確約に反する事実が判明した場合
　二　契約締結後に自ら又は役員が反社会的勢力に該当した場合
4　甲は、乙が別表第1第六号から第八号に掲げる行為を行った場合は、何らの催告も要せずして、本契約を解除することができる。

(乙からの解約)
第11条　乙は、甲に対して少なくとも30日前に解約の申入れを行うことにより、本契約を解約することができる。
2　前項の規定にかかわらず、乙は、解約申入れの日から30日分の賃料（本契約の解約後の賃料相当額を含む。）を甲に支払うことにより、解約申入れの日から起算して30日を経過する日までの間、随時に本契約を解約することができる。

(契約の消滅)
第12条　本契約は、天災、地変、火災その他甲乙双方の責めに帰さない事由により、本物件が滅

失した場合、当然に消滅する。
（明渡し）
第13条　乙は、本契約が終了する日までに（第10条の規定に基づき本契約が解除された場合にあっては、直ちに）、本物件を明け渡さなければならない。
2　乙は、前項の明渡しをするときには、明渡し日を事前に甲に通知しなければならない。
（明渡し時の原状回復）
第14条　乙は、通常の使用に伴い生じた本物件の損耗を除き、本物件を原状回復しなければならない。
2　甲及び乙は、本物件の明渡し時において、契約時に特約を定めた場合は当該特約を含め、別表第5の規定に基づき乙が行う原状回復の内容及び方法について協議するものとする。
（立入り）
第15条　甲は、本物件の防火、本物件の構造の保全その他の本物件の管理上特に必要があるときは、あらかじめ乙の承諾を得て、本物件内に立ち入ることができる。
2　乙は、正当な理由がある場合を除き、前項の規定に基づく甲の立入りを拒否することはできない。
3　本契約終了後において本物件を賃借しようとする者又は本物件を譲り受けようとする者が下見をするときは、甲及び下見をする者は、あらかじめ乙の承諾を得て、本物件内に立ち入ることができる。
4　甲は、火災による延焼を防止する必要がある場合その他の緊急の必要がある場合においては、あらかじめ乙の承諾を得ることなく、本物件内に立ち入ることができる。この場合において、甲は、乙の不在時に立ち入ったときは、立入り後その旨を乙に通知しなければならない。
（連帯保証人）
第16条　連帯保証人（以下「丙」という。）は、乙と連帯して、本契約から生じる乙の債務を負担するものとする。
（協議）
第17条　甲及び乙は、本契約書に定めがない事項及び本契約書の条項の解釈について疑義が生じた場合は、民法その他の法令及び慣行に従い、誠意をもって協議し、解決するものとする。
（特約条項）
第18条　第17条までの規定以外に、本契約の特約については、下記のとおりとする。

（特約があれば、当該特約により借主が負担する具体的な内容を明記すること。）
甲：　中野　一太郎　　　　　印
乙：　東京　太郎　　　　　　印

（中略）

2章 活用対策

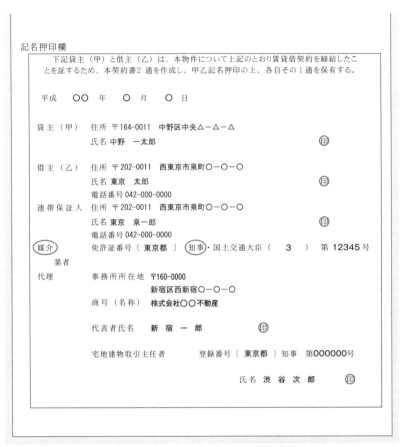

(出所)『賃貸住宅トラブル防止ガイドライン』(東京都都市整備局編集・平成25年4月発行)
(注) 本契約書はあくまでも1つの例ですので、実際の契約締結前には専門家にご相談ください。

3．不動産に関する法令上の規制

① 都市計画法

基礎知識

都市計画法の主なポイントは以下の通りです。

＜市街化区域と市街化調整区域＞

都市計画区域内では、市街化区域と市街化調整区域を定めることができます。

市街化区域では、原則として建築基準法などに従って自由に建物を建てることができます。ただし、一定規模以上の区画や形質の変更などの開発行為を伴う建築については開発許可が必要となります。

市街化調整区域は、原則として開発や建築は認められません。例外として、一定の条件を満たして開発許可を受けた土地については認められます。

＜都市計画道路などの区域内の建築制限＞

都市計画道路（都市計画で定められた道路）の区域内で建物を建築する場合は、原則として都道府県知事の許可を受けなければなりません。許可基準は、2階建て以下で地階がなく、木造・鉄骨造等で容易に除去できるものなどです。ただし、都市計画事業の認可の告示（事業決定）があった場合は、原則として建築できません。

知識を活かす

都市計画で道路の拡幅などが定められている際、建物の建築についての規制は以下の通りです〔図表2-3-1〕。

なお、都市計画道路予定地の区域内にある土地の相続税評価額は、一定の割合で減額することができます。

〔図表 2-3-1〕 道路拡幅の都市計画（例）

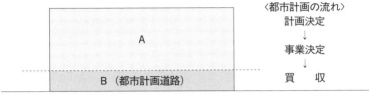

① 都市計画が決定された場合（計画決定）

　Aの部分は、通常の建物と同様に建築することができ、Bの部分は、知事の許可によって、一定の建物を建築することができます。

　建ぺい率や容積率の算定にあたっては、AとBの合計が敷地面積となります。 ただし、将来、Bの部分が道路用地として買収された場合は、建ぺい率や容積率がオーバーした、既存不適格建築物（参考知識2参照）になることもあります。

② 都市計画事業の認可の告示がされた場合（事業決定）

　Aの部分は、通常の建物と同様に建築することができますが、Bの部分には、原則として建物を建築することはできません。

　敷地面積はAのみとして建ぺい率や容積率が適用されます。

3．不動産に関する法令上の規制
② 建築基準法（用途制限、建ぺい率・容積率）

> 基礎知識

＜用途に関する制限＞

　用途地域（12種類）が指定されている場合は、**各用途地域に建築可能な建物が決められています**。なお、異なる用途地域に建物の敷地がまたがっている場合は、敷地の過半の属する用途地域の制限が適用されます。

＜建ぺい率＞

　建物の建築面積（おおよそ1階の床面積）の敷地面積に対する割合を建ぺい率といいます。なお、角地など一定の条件を満たす場合は、緩和されます。建物の敷地が建ぺい率の異なる地域にまたがっている場合は、それぞれの敷地面積の割合を乗じた数値の合計、つまり「加重平均」によって算出します。

＜容積率＞

　建物の延べ面積（各階の床面積の合計）の敷地面積に対する割合を容積率といいます。なお、建物の前面道路の幅員が12m未満の場合は、指定された容積率と次の算式による数値のいずれか少ないほうとされます。

　　・住居系の用途地域：前面道路幅員×**4/10**（一定の場合は 6/10）

　　・それ以外の用途地域：前面道路幅員×**6/10**（一定の場合は 4/10、8/10）

　ただし、前面道路幅員が6m以上12m未満で、幅員15m以上の道路に70m以内で接続する敷地は、容積率を緩和する特例があります。建物の敷地が容積率の異なる地域にまたがっている場合は、それぞれの敷地面積の割合を乗じた数値の合計、つまり「加重平均」によって算出します。

2章 活用対策

知識を活かす

建物の敷地が2以上の用途地域などにまたがっている場合の用途地域、容積率は〔図表2-3-2〕の通りです。

ただし、 基礎知識 の制限の他にも、建築物の絶対高さ制限(第1種・第2種低層住居専用地域内は10mまたは12m)や斜線制限(建築物の各部分の高さは、原則として道路境界線や隣地境界線からの距離に一定の勾配を乗じた線を越えることはできない)、日影規制(隣地に日影の生じる時間を一定以下に抑える)などがあるため、**容積率などから想定した規模の建物を建てることができない可能性もあり、注意が必要です。**

また、容積率の異なる2以上の地域にわたる場合、相続税評価では一定の割合で減額できることがあります。

〔図表2-3-2〕 2以上の用途地域にわたる場合の用途地域、容積率

```
面積 200m²            第一種
指定容積率 200%        住居地域
- - - - - - - - - - -
面積 300m²            商業地域
指定容積率 400%
       道路（6m）
```

＜用途地域＞
300m² ／(300m² ＋200m²) ＞50％
∴ 商業地域

＜容積率＞
200％ ＜ 6m×4/10×100＝240％
∴200％
400％ ＞ 6m×6/10×100＝360％
∴360％

∴360％×300/500＋200％×200/500
＝ 296％

（注）前面道路幅員に対する乗数は、原則として住居系の用途地域で4/10、それ以外の用途地域で6/10です。

3. 不動産に関する法令上の規制
③ 建築基準法（前面道路）

基礎知識

＜道路に関する制限＞

　都市計画区域等の場合、建物の敷地は、原則として建築基準法に規定された幅員4m（一定の場合は6m）以上の道路（道路法による道路など）に、2m以上接していなければなりません。

　ただし、一定のものについては、幅員が4m未満であっても道路としてみなされます。この場合は、現況道路の中心線から水平距離2mずつ両側に後退した線などが道路境界線とみなされます。道路境界線を後退させることを**セットバック**といい、このような道路は**2項道路**（建築基準法42条2項）と呼ばれています〔図表2-3-3〕。

　また、共同住宅や延べ面積が1,000m²を超える建物などの敷地については、地方公共団体の条例で、道路の幅員や道路に接する長さなどの制限が厳しくなっていることがよくあります〔図表2-3-4〕。

知識を活かす

　建物の建築において道路はとても重要なポイントとなります。前面道路次第では、人や車などの出入りが物理的にしにくくなったり、建築基準法などによってその敷地に建物が建てられなかったり、容積率の制限が厳しくなり、想定した規模の建物が建てられないということになりかねません。また、水道、ガス、下水などの配管に支障が生じることもあります。

　特に、**幅員4m未満の道路については、セットバックすればすべて2項道路**となるわけではなく、あくまでもこの建築基準法の適用時点ですで

〔図表2-3-3〕 2項道路（セットバック）

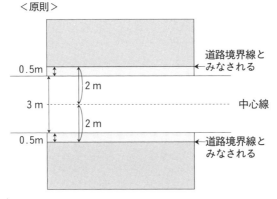

〔図表2-3-4〕 延べ面積1,000m² 超の建物（例）

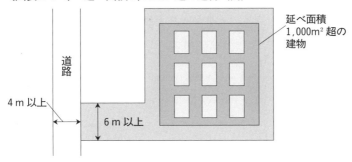

（注） 上記は一例であり、地方公共団体によって制限の内容は異なります。

に建物が建ち並んでいて、かつ、その指定を受けていなければなりません。必ず地方公共団体の役所の担当部署で調べましょう。

また、セットバックした場合は、その部分には建物などが建てられないことはもちろんのこと、建ぺい率や容積率の算定にあたって、建物の敷地面積に算入することはできません。なお、セットバックを必要とする土地は、相続税評価では一定の割合で減額することができます。

4．不動産の有効活用《①不動産活用・投資の基礎》
① 不動産所有・投資の特徴

基礎知識

　財産は資産ポートフォリオの視点から、リスクとリターンの特性が異なる資産にバランスよく分散して所有・配分することが望ましいといわれています。そのための手法として、預貯金、有価証券、不動産の3つに配分する財産3分法という考えがあります。

　一般的に不動産への投資は、株式や預貯金のリスク・リターンと比較するとミドルリスク・ミドルリターンといわれています〔**図表2-4-1**〕。よって、財産3分法の考え方に基づく分散投資の一環として、金融資産中心のポートフォリオ（資産の大半が金融資産の場合）に不動産を組み込む（購入する）ことも1つの選択肢です。

〔図表2-4-1〕　リターンとリスク

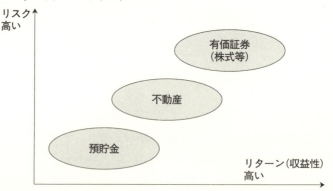

（注）　預貯金、不動産、有価証券（株式等）に投資した場合に想定されるリターンおよびリスクをもとに、独自に作成したものであり、投資の将来の成果を約束するものではありません。図中の位置関係はイメージであり、厳密な数値に基づく比較ではありません。

2章　活用対策

知識を活かす

近年、不動産投資が注目をあびています〔図表2-4-2〕。

不動産投資のポイントは、①立地、②建物、③管理です。不動産は動くことがないため、立地の良さが重要となります。また、建物は長期間利用するため、「安物買いの銭失い」にならないように注意しましょう。そして忘れがちですが、非常に重要なことが管理（2-4-❶-⑥参照）です。

なお、不動産投資には金融資産と同様のマーケットリスク（市況による価格、賃料等の変動リスク）だけでなく、不動産特有のリスクとして、地震・火災等に伴う建物損壊リスクや、賃借人や近隣の住民などに被害を与えたときの所有者責任（参考知識4参照）による損害賠償リスクや、耐震偽装事件などが起こるリスクもあります。

そのため、以上のような投資のポイントをすべて満たし、すべてのリスクを回避することはできません。投資はあくまでもリターン（収益）とリスクのバランスが重要ですので、不動産投資にあたっては、財産3分法に基づき、保有目的に応じた分散投資を心がけましょう。

〔図表2-4-2〕　不動産投資と金融商品（預貯金）の比較

	不動産（現物）への投資	金融資産（預貯金）での運用
主なメリット	●比較的安定した、高い収益が期待できる ●相続税評価額の軽減効果が期待できる ●インフレに比較的強い	●流動性が非常に高い ●分割しやすい ●管理が容易である ●保有コストがかからない
主なデメリット	●流動性が低い ●管理・運営等の手間（費用）がかかる ●空室・家賃滞納リスクがある ●災害等による損壊リスクがある	●安定しているが、収益性が比較的低い ●相続税評価額の軽減効果が期待できない ●インフレリスクがある

4．不動産の有効活用 《①不動産活用・投資の基礎》
② 建築計画（建物の用途）

基礎知識

建物の用途の検討に際しては、特に以下の調査が重要です。

＜役所調査＞

対象となる土地に法令上どのような用途・規模の建物が建築可能かどうかを調査します。なお、アパートなどの共同住宅は、工業専用地域以外ならどの用途地域でも建築できます。

＜現地調査＞

対象地周辺の建物の用途等、土地がどのように利用されているかを確認します。あわせて、駅などからの距離や対象地の前面道路の幅員など個別要因についても確認します。

＜市場調査＞

対象地にどのような用途・規模のテナント（借主）が誘致可能か、対象地周辺の需給状況や今後の動向などを踏まえて調査・分析します。

知識を活かす

建物建築では、建物の用途を決めた上で、建物の規模を含めた実際の建物図面を、設計業者や建設業者に作成してもらうことになります。

賃貸建物の用途は、一般的にはアパートや賃貸マンションなどがほとんどですが、立地によっては事務所系や商業系の用途も検討する必要があります。**用途の検討にあたっては、収益性（賃料水準、建築費）、リスク（収入の安定性等）、管理の容易さ（建物、賃借人）などを十分に比較・検討して判断する必要があります**〔図表2-4-3〕。

2章　活用対策

〔図表 2-4-3〕　主な用途の比較

	アパート・マンション	オフィスビル	商業店舗(郊外型、ロードサイド等)	駐車場
長所特徴	●交通利便性、周辺環境などが重視されるが、比較的広い範囲で事業が可能 ●他の用途に比べて収入の安定性が高い	●立地、規模、企画によっては、収益性の高い事業となる	●比較的建築費が安く、建設協力金などにより資金負担が少なくてすむ ●長期契約などによって、安定的な収益が見込める	●月極駐車場、時間貸駐車場、立体駐車場等がある ●立体駐車場以外は設備投資がほとんど不要であり、比較的立地を選ばず、用途変更も容易
短所留意点	●参入が容易なため、競合が激しく、今後も供給が過剰になる可能性が高い ●賃借人などの管理が煩雑	●都心部やターミナル駅周辺等、立地が限定される ●景気動向の影響を受けやすい	●幹線道路沿いなど立地が限定され、一定規模以上の面積が必要 ●テナントが撤退したときのリスクが大きい	●立体駐車場以外は収益性が低い ●立体駐車場は立地が限定される

また、以下のようなさまざまな用途での活用も考えられます。

○住居系
ホテル、短期賃貸マンション、学生マンション、シェアハウス、有料老人ホーム、グループホーム

○事務所系
レンタルオフィス、貸会議室

○商業系
医療モール、フィットネス施設、スーパー銭湯

○その他
倉庫・配送センター、トランクルーム、コンテナボックス、バイクボックス、コインランドリー、洗車場、フットサル場

4．不動産の有効活用 《①不動産活用・投資の基礎》

③ 事業収支計画

基礎知識

① **資金計画**

　事業にどのくらいの資金が必要で（所要資金）、それをどのように調達するか（資金調達）を見積もったものです〔図表 2-4-4〕。

② **収支・損益計画**

　事業の収入・支出などのキャッシュフロー、損益がどのように推移するかを将来にわたって見積もったものであり、所得計算と収支計算の2種類があります〔図表 2-4-5〕。

〔図表 2-4-4〕 資金計画

所要資金	資金調達
土地関係費 　購入代金 　仲介手数料 　登録免許税 　不動産取得税 　固定資産税 　都市計画税 　その他	自己資金
建物関係費 　建築工事費 　設計・監理料 　企画料 　登録免許税 　不動産取得税 　事業所税 　消費税 　その他	借入金
建築期間中金利	敷金・保証金

2章 活用対策

〔図表 2-4-5〕 所得計算と収支計算

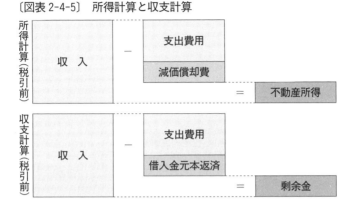

知識を活かす

事業収支計画において、一番重要なポイントはキャッシュフローであり、具体的には剰余金(税引後)の数値です〔図表 2-4-6〕。ただし、その前提となる各項目の数値について、以下のような観点から客観的な専門家からのアドバイスを受けるとよいでしょう。

なお、計画はあくまでも計画であり、実際のものと異なることはよくあります。経済情勢や個別要因の変化などを盛り込み、余裕をもった慎重な計画を立てるとともに、適宜、見直すことも必要となります。

＜建築工事費＞

建築工事費は安ければよいというものではありません。建物のプラン・グレードや設備の状況に応じた適切な金額が計上されているか、建築に伴う諸経費はどのくらいかかるかなどを、設計業者や複数の建設業者等にヒアリングするとよいでしょう。

＜借入金（3-1-❷-②参照）＞

借入れをすることができる金額が、返済が可能な金額とは限りません。

101

〔図表2-4-6〕 収支・損益計画表

		年	1	2	3
損益計画	収入	賃料収入			
		駐車場収入			
		管理費・共益費			
		その他			
		収入合計＜A＞			
	支出費用	固定資産税・都市計画税(土地、建物)			
		損害保険料			
		管理費・共益費			
		維持・修繕費			
		その他			
		借入金利息			
		小計＜B＞			
	費用	減価償却費（建物、設備）＜C＞			
	税引前利益＜A－B－C＞				
	税金（所得税・法人税・住民税等）＜D＞				
	税引後利益＜A－B－C－D＞				
収支計画	収入	収入合計＜A＞			
	支出	支出費用合計＜B＞			
		税金＜D＞			
		借入金元本返済＜E＞			
		支出合計＜B＋D＋E＞			
	（税引後）剰余金＜A－B－D－E＞				
	剰余金累計				
	借入金残額				

返済できる金額について金融機関と事前に十分検討するとともに、相続税対策や所得税対策を目的とした過大な借入れは避けなければなりません。

＜敷金・保証金（2-2-③参照）＞

　敷金・保証金はあくまでも賃借人から預かっているものです。賃借人の

退去等に伴って返済しなければならないことを考慮する必要があります。

＜賃料収入＞

賃料水準や空室率の設定が適正かどうかについて慎重に検討することがきわめて重要です。期間経過に伴って賃料が低下したり、空室が増加したりすることがよくあります。

＜管理費・共益費（2-4-❶-⑥参照）＞

清掃や共用部分の水道光熱費等にかかる費用です。賃借人から別途、共益費として実費相当額を徴収する場合もあります。なお、外部業者等に管理を委託する場合には、管理業務の範囲に応じて別途、必要な金額を計上しなければなりません。

＜維持・修繕費（2-4-❶-⑥参照）＞

毎年経常的に発生する修繕費だけでなく、長期修繕計画に基づいた大規模修繕などの費用や、機能・性能向上を目的とした設備取替費用やリフォーム費用なども見積もるとよいでしょう。

＜借入金利息＞

借入金の金利設定がきわめて重要です。借入金が固定金利の場合は、固定期間中はその金利でよいですが、変動金利の場合には、例えば金利を4～6％程度で見積もるなど、金利上昇リスクに備えておく必要があります。

＜借入金元本返済＞

借入金の返済期間や返済方法によって、金額が異なることになります。返済期間が長ければ年間返済金額は少なくなりますが、実際に借入れが可能な期間かどうかや、将来の賃料や金利変動リスクに十分耐えることができるかどうかについて、慎重に検討しなければなりません。

なお、賃料収入などで借入金返済が進み、借入金残高が少なくなると、相続税対策上はマイナスになることもあります。

4．不動産の有効活用 《①不動産活用・投資の基礎》
④ 不動産の利回り

基礎知識

主な不動産の利回りとして以下のものがあります。

○表面利回り（グロス利回り、粗利回り、単純利回り）

$$表面利回り(\%) = \frac{年間賃料総収入}{総投資額} \times 100$$

○純利回り（ネット利回り、実質利回り、償却前利回り）

$$純利回り(\%) = \frac{年間賃料総収入 － 諸経費（公租公課、維持・管理費等）}{総投資額} \times 100$$

○償却後純利回り（投下資本収益率、ROI）

$$償却後純利回り(\%) = \frac{年間賃料総収入 － 諸経費（減価償却費を含む）}{総投資額} \times 100$$

知識を活かす

近年、不動産の価値は収益性で決まるといわれるようになっています。収益性を判断するものとして利回りがありますが、その利回りにも 基礎知識 の通りさまざまなものがあります。また、**不動産投資は確定利回りではない上、固定資産税などのさまざまな経費がかかり、不動産特有のリスクもあるため、預貯金などとは単純に比較することはできません。**

不動産同士の比較においても、必ずしも利回りが高いほうがよいとは限りません。一般的には、地方のほうが都心より、築年数の古いもののほうが新しいものより、特殊な用途のほうが一般的な用途より、利回りが高くなる傾向があります。しかし、将来売却するときには、地方にあるものや築年数の古いもの、特殊な用途のものは、空室リスクが高く、流動性が低

いため、安くしか売れないことがよくあります。

　このように**不動産投資においては、インカムゲイン（賃料収入等）だけでなく、キャピタルゲインやロス（売買損益）も検討しなければなりません**。インカムゲインを得ることができても、価格が下落（キャピタルロス）すれば、たこが自分の足を食べているのと同じかもしれません〔**図表2-4-7**〕。そしてこのキャピタルゲイン・ロスに大きく影響を及ぼすものが、立地、建物、管理なのです。

　とはいえ、将来のインカムゲインやキャピタルゲインを予測することは困難なため、不動産投資にあたっては財産3分法における分散投資の一環として考えるとよいでしょう（2-4-◆-①参照）。

〔図表2-4-7〕　インカムゲインとキャピタルゲイン・ロス

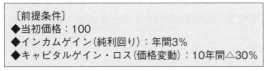

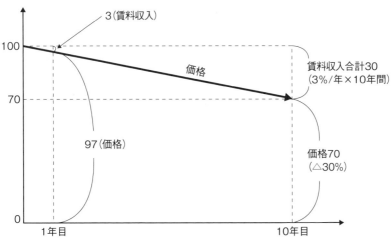

4．不動産の有効活用 《①不動産活用・投資の基礎》
⑤ 減価償却費

基礎知識

建物等を取得するために支出した金額は、その建物等が事業で使用される期間の費用として配分し、税法上、減価償却費として計上できます。

なお、減価償却費は所得計算上の費用となりますが、収支計算上の支出を伴いません（2-4-❶-③参照）。

主な償却方法の原則的な計算方法（平成19年4月1日以後取得分）は以下の通りです。なお、平成10年4月1日以後に取得した建物の償却方法は、定額法に限られています。

○定額法：取得価額×定額法の償却率＝減価償却額
○定率法：（取得価額－既償却額）×定率法の償却率＝減価償却額

知識を活かす

賃貸建物は、毎年、減価償却費を税務上の費用（経費）として計上することができるため、所得税が少なくなり有利であるともいわれています。しかし、建物は通常、年々価値が減少していくため、特別に有利な制度とはいえません。

また、固定資産税等の費用は新たな支出を伴いますが、減価償却費は追加的に支出しなくてもよいので有利であるといわれています。しかし、実際のところは、建物を建築するときにすでに支出しています。建物は長期間使うことができるため、支出したときにその全額を経費に算入することができずに、減価償却費として長期間にわたって経費に算入することになるのです。

なお、借入金で賃貸建物を建築する際、借入金の元金返済は支出しなければなりませんが、経費には算入できないということに注意しなければなりません。特に、元利均等返済の場合、時間が経つと元金部分の返済が多くなります。

〔図表2-4-8〕の通り、期間経過とともに借入金の元金返済額が減価償却費を上回り、経費算入額以上に支出することになることがあります。すると、キャッシュフローが悪化し、「勘定合って銭足らず（損益は黒字でも収支が赤字になる）」の状態になってしまうこともあります。このようなキャッシュフローが悪化する時期は、建物が古くなって修繕費がかさみ、空室が増える時期と重なるため、より収支が悪化します。

〔図表2-4-8〕 収支と損益

＜前提条件＞

借入金返済：元利均等返済（元金返済額が年々増える）
建物：定額法償却（減価償却費は毎年同じ金額）
設備：定率法償却（減価償却費は年々減る）

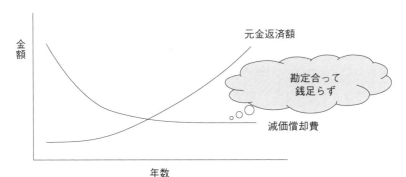

(注) イメージ図であり、正確な金額ではありません。

4．不動産の有効活用 《①不動産活用・投資の基礎》
⑥　賃貸建物の管理

[基礎知識]

　賃貸建物の管理には、賃借人の管理を中心とする賃貸運営・管理と、建物・設備のメンテナンスを中心とする建物維持・管理に大別されます。

＜賃貸運営・管理＞
- 賃借人の募集時：賃借人の募集・選定、賃貸借契約の締結
- 賃借人の入居時：敷金・賃料入金確認、引渡し、入居立会い
- 賃貸借期間中：賃料入金確認・督促、賃料改定、クレーム処理
- 賃借人の退去時：退去立会い、原状回復、敷金精算、設備交換

＜建物維持・管理＞
- 設備の管理や点検：消防設備、空調設備、エレベーター
- 清掃：ごみ集積、共用部分の窓ガラス・床面、外壁、貯水槽
- 建物の設備の修繕や更新：外壁塗装、屋根防水、給水管、排水管、電気・ガス設備

[知識を活かす]

　賃貸運営・管理において、特に注意しなければならないことは賃料滞納です。空室が多くなると、賃借人の入居時の審査が甘くなり、滞納が発生しやすくなります。滞納時には速やかに督促をしないと、滞納しがちになり、滞納額が増えると、回収の見込みが立たなくなります。

　最近は、賃借人の退去時の原状回復や敷金の返還をめぐるトラブルも多くなってきています（2-2-③参照）。しっかりした賃貸借契約書を交わし説明するだけでなく、入居時と退去時に立会いを行い、原状と修繕必要箇

所を現地で確認することが必要です。

そこで、ノウハウが豊富で信頼できる管理業者に委託するだけでなく、所有者自らが常に関与することが重要です。

建物維持・管理（メンテナンス）は相応の費用と手間がかかるため、おろそかになりがちですが、日常のメンテナンスの良し悪しで長期的には大きな差がつきます。メンテナンスが良ければ耐用年数を上回る期間の稼動が見込めるだけでなく、期間中の賃借人の募集や賃料設定にも大きな影響を及ぼします。

特に、長期的視野に立った修繕計画により、大規模修繕も含めた修繕・リニューアルを行わないと、建物の老朽度合いが増して、周辺の賃貸物件との競合に勝てなくなってしまい、空室の増加、賃料の低下を招いてしまいます。さらに、生活スタイルなどの環境の変化に伴い、リニューアルが必要となることもあります。

建物は建てるだけでなく建てた後が重要です。アフターサービスなど、しっかりしたメンテナンスを行ってくれる建設会社を選びましょう。

つまり、**所有地でのアパートの建築や賃貸マンションの購入は、投資ではなく事業といえます。**投資は売買のタイミングが収益を左右しますが、事業はコストパフォーマンスを踏まえた経営判断が必要となります。**管理にどの程度の費用をかけるか、修繕をどのようなタイミングで行うかなどの判断は、業者に一任するわけにはいきません。賃料収入などの収益を維持し高めるためにも、管理は大変重要といえます。**

4．不動産の有効活用 《②有効活用の手法》
① 有効活用の概要

基礎知識

〔図表2-4-9〕の通り、アパートなどを建てて建物を貸す自己建設の他にも、土地を貸す定期借地や等価交換や買換え、そして不動産の売却も、金融資産に組み換えて有効に活用するという意味で、不動産の有効活用に含まれます。

不動産の有効活用を検討する際、特に重要な点は以下の通りです。

・事業の収益性や安定性を客観的な専門家などの意見も参考にして、厳しくチェックする。
・土地3分法に基づき、保有や有効利用する不動産と売却・物納する可能性のある不動産を区別する。
・建物の維持管理の手間やコスト負担も考慮する。

〔図表2-4-9〕 不動産有効活用の手法

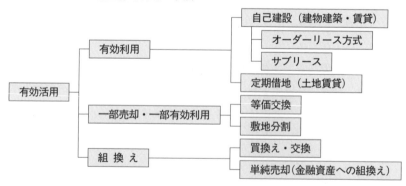

2章 活用対策

> 知識を活かす

不動産の有効活用の手法を検討するにあたって、まず、その土地にどのような建物（用途、規模等）が建築できるのかを調査する必要があります。その上で、有効活用の目的に応じて、それぞれの手法のメリットとデメリットを比較・検討して、有効活用の手法を決めることが重要です〔図表2-4-10〕。

その際、**事業採算次第では、賃貸建物を建築する、いわゆる有効利用だけでなく、売却も含めた有効活用や、更地のままとすることも考慮して比較・検討するとよいでしょう。**

〔図表2-4-10〕 有効活用手法の比較

	自己建設	等価交換	定期借地	売却	更地（参考）
資金面	× （資金調達必要）	○ （資金調達不要）	○ （資金調達不要）	◎ （換金）	○ （資金調達不要）
収益性	◎ （高）	◎ （高）	○ （中）	△ （運用収益低）	×
事業リスク	× （有）	× （有）	△ （低）	◎ （無）	○ （無）
維持・管理の手間、コスト	× （土地建物必要）	× （土地建物必要）	△ （土地必要）	◎ （不要）	○ （土地必要）
相続税評価	◎ （貸家建付地等）	◎ （貸家建付地等）	○ （貸宅地）	×	△ （自用地）
分割・換金性	△	△	△	◎ （換金）	○ （容易）

（注） あくまでも一定の仮定に基づいた、きわめて大まかな比較であり、実際とは大きく異なることがあります。

4．不動産の有効活用 《②有効活用の手法》

② 等価交換

基礎知識

　等価交換とは、土地所有者の所有している土地上にデベロッパー（不動産会社等）が建物を建築して、土地の一部と建物の一部を等価で交換する事業方式です〔図表2-4-11〕。

　なお、既成市街地等内にある土地の上に、地上3階以上の中高層の耐火共同住宅等を建築するなどの一定の要件を満たす場合は、いわゆる立体買換えの特例を適用することができ、最大で譲渡益の100％の課税を繰り延べることができます。もしくは、一定の要件を満たせば特定事業用資産の買換特例を適用でき、最大で譲渡益の80％の課税を繰り延べることができます。

〔図表2-4-11〕 等価交換の仕組み

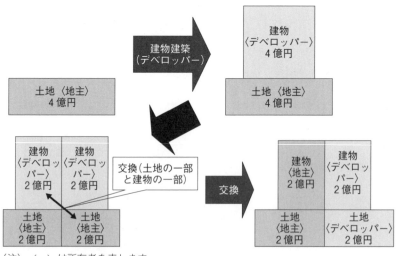

（注）〈　〉は所有者を表します。

2章　活用対策

知識を活かす

　等価交換を自己建設と比較したメリットとデメリットは〔図表 2-4-12〕の通りです。土地所有者にとっての等価交換の重要なポイントは、資金負担なしに賃貸建物等を建築することができる半面、土地の一部を手放すことになることです。そのため、事業収支は比較的安定して、良好なものになる可能性が高くなります。

　等価交換において一番難しい問題は、土地の評価や取得建物の階数、位置、面積についての調整です。土地と建物の交換比率の計算方法はさまざまなものがありますが、複雑でかつお互いの利害が相反するため、できれば専門家に相談したほうがよいでしょう。また、買換特例の適用の可否（3-3-④参照）などを含めて事前に税理士に確認することも重要です。

〔図表 2-4-12〕　等価交換と自己建設の比較

	メリット	デメリット
等価交換	●借入金が生じないため、事業採算が良好となる ●建物建築に伴うプランニングなどはデベロッパーが行うため、わずらわしくない ●「買換特例」を適用することで、土地の譲渡益課税を繰り延べることができる ●土地や建物の所有部分について、相続税評価減を享受することができる	●土地所有権の一部を売却することになる ●土地の評価、取得建物の階数、位置、面積について土地所有者とデベロッパーとの間で調整が難しい ●等価交換後の土地・建物は他人との共有・区分所有等となり、さまざまな制約が生じる ●「買換特例」の適用を受けた場合、減価償却額が少なくなる
自己建設 （参考）	●土地建物ともすべて自己の所有物であり、権利関係の制約が少ない ●事業利益のすべてを享受することができる ●土地や建物の全体について、相続税評価減を享受することができる	●借入金などによる資金調達の必要があり、返済負担が大きい ●事業リスクのすべてを負担する

4．不動産の有効活用 《②有効活用の手法》
③　定期借地権

【基礎知識】

借地借家法には、期間終了後に必ず借地を返還しなければならない以下の３つの定期借地権があります〔図表 2-4-13〕。

＜一般定期借地権＞

一般定期借地権は期間を50年以上とし、①更新がないこと、②建物の再築による期間の延長がないこと、③建物買取請求をしないことを書面により特約することで成立します。

＜事業用定期借地権等＞

事業用定期借地権等は事業用に限られ、アパートなど居住を目的とするものには使用できません。平成20年１月１日より、従来10年以上20年以下とされていた存続期間が10年以上50年未満に拡大されました。

＜建物譲渡特約付借地権＞

建物譲渡特約付借地権は、借地権設定後30年以上経過した時点で、土地所有者が建物を買い取ることを契約し、契約に従って建物を買い取ることによって借地権が消滅するものです。

【知識を活かす】

定期借地権のメリットは、自己建設と違い、建物建築の初期投資や建物の維持管理が不要で、事業リスクが低く、安定した地代収入を得られることです。 また、相続税評価額も最大で20～45％減額されます（3-1-❷-⑥参照）。さらに、定期借地権設定時に受け取る一時金について、一定の要件を満たせば一時に課税されず、前払地代として毎年１年分の地代だけが

〔図表2-4-13〕 定期借地権の種類と内容

	一般定期借地権	事業用定期借地権等	建物譲渡特約付借地権
存続期間	50年以上	10年以上50年未満	30年以上
利用目的	制限なし	事業用のみ（居住用は不可）	制限なし
契約方式	書面	公正証書	制限なし
終了	期間満了	期間満了	建物譲渡
終了時の措置	原則として更地で返還する	原則として更地で返還する	●建物を譲渡 ●借家関係は承継 ●借地人が建物を使用していれば、借家人として使用継続可

課税されるという取扱いを受けることもできます（3-2-❷-⑤参照）。

しかし、契約期間中の底地の売却は難しく、一般的に自己建設より収益性は低く、相続税評価額の減額割合も残存期間が短くなればなるほど少なくなります。

なお、これまで供給されてきた分譲タイプの定期借地権付戸建住宅やマンションのほとんどは一般定期借地権によるものでしたが、最近は、賃貸タイプの建物譲渡特約付借地権によるものも増えています。また、事業用定期借地権等は存続期間が延長されたため、耐用年数の長い建物での活用も期待されています。

4．不動産の有効活用 《②有効活用の手法》
④ オーダーリース（建設協力金差入）方式

基礎知識

　オーダーリース（建設協力金差入）方式とは、貸主（土地所有者）が、借主（テナント）から差入れを受ける建設協力金によって、借主の企画・仕様に基づく建物を建設し、当該建物を借主に一括賃貸する方式です。

　借主が建築費相当額全額を負担する場合、貸主には資金調達の必要はほとんどありません。なお、建設協力金は賃貸借契約時に、敷金・保証金に振り替えることとなり、保証金は無利息または利息（金利1～2％程度）を付して賃料収入などから差し引くなどして返済することになります。

　この方式は、主に都市近郊の幹線道路沿いのファミリーレストラン、ホームセンターなどの郊外型商業店舗（ロードサイドショップ）の出店の際に活用されています。

知識を活かす

　オーダーリース（建設協力金差入）方式で不動産を有効利用する際、特に重要な注意点は以下の通りです。

＜借主（テナント）の信用リスク＞

　借主との賃貸借期間が長期（通常10～20年間）にわたるため、賃料などの賃貸条件だけでなく、信用状況に配慮して借主を選定することが重要です。

＜借主の中途解約による退去リスク＞

　借主の企画・仕様で建物を建設するため、一般的には汎用性のない建物となり、後継テナントを見つけにくいことが多く、賃貸借契約における中

途解約条項が重要となります。

具体的には、敷金・保証金などの預託金の没収のほか、違約金の設定、更地での返還などの原状回復などを盛り込むことを借主と交渉します。

なお、郊外型商業店舗への賃貸にあたっては、オーダーリース方式だけでなく、事業用定期借地権等（2-4-❷-③参照）なども活用できます。それぞれのメリットとデメリットを比較・検討の上、判断しましょう〔**図表2-4-14**〕。

〔図表2-4-14〕 オーダーリース方式と事業用定期借地権等との比較

	オーダーリース方式	事業用定期借地権等
賃貸借契約	建物賃貸借契約	土地賃貸借契約
建物建設資金	貸主の負担（借主が全部または一部を建設協力金として差し入れる）	借主の負担
保有コスト	貸主が土地建物ともに負担（設備等は借主が負担）	貸主が土地分、借主が建物分を負担
収益性	一般的に事業用定期借地権等より高い	一般的にオーダーリース方式より低い
建物の減価償却	貸主が建物の減価償却費を経費算入できる	借主が建物の減価償却費を経費算入できる
相続税評価	土地の貸家建付地評価、建物の貸家評価など	土地は貸宅地評価（残存期間などによって評価が異なる）
契約の更新	契約が更新される可能性がある	契約期間満了時に更地で返還される

4．不動産の有効活用 《②有効活用の手法》
⑤ 定期借家

[基礎知識]

従来の借家契約では、いったん家を貸してしまうと、なかなか立ち退いてもらえませんでしたが、**定期借家では、期間満了に伴い退去してもらうことができます。**主な特徴は以下の通りです。

・契約期間が満了すると契約は終了し、更新はできません。
・契約終了時に、貸主・借主が合意すれば、再契約することができます。
・居住用、事業用の建物、いずれでも適用できます。
・居住用建物の場合は、従来型の借家契約からの切替えが当分の間禁止されています。

建物賃貸にあたっては、従来型の借家契約と定期借家契約の2種類の契約を選択することができます。なお、定期借家契約を結ぶ場合、契約前に貸主は借主に対し、書面で定期借家契約である旨を説明しなければなりません。

[知識を活かす]

定期借家の活用方法として以下のようなものがあります。

① **戸建賃貸住宅**

戸建賃貸住宅は、長期間入居することが多く、いったん入居すると退去してもらうことが難しくなるため、定期借家契約にすることも1つの方法です。

一戸建ての賃貸住宅は、庭付きで面積が広く、生活騒音などに比較的悩まされずにすむため、周辺の環境を重視する子育て世代には、希

少性が高く、近年、人気が高まり、空きが少なくなっています。

土地所有者にとっても、駅などから遠い土地や面積の小さい土地、地形の悪い土地でも活用できる可能性があり、投資額も比較的少なくてすむため、メリットが少なくありません。

また、**アパートでの活用の難しい広い土地を区画割りして、戸建賃貸住宅とすることによって、相続などの際、遺産分割したり、納税のために一部を売却・物納しやすくなります**〔図表2-4-15〕。

② 古いアパートの空室

古くなったアパートの空室部分を賃貸する際、定期借家契約で賃貸します。すべての部屋が定期借家となれば、期間満了にあわせて賃貸を終了して、建替えを行います。

借家人の立退きを心配せず、建替えが可能となり、建替えまでの収入も確保することができます。

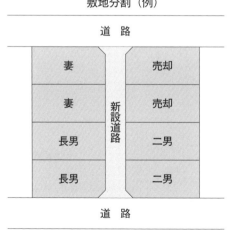

〔図表2-4-15〕 戸建賃貸住宅による敷地分割（例）

4．不動産の有効活用 《②有効活用の手法》

⑥ サブリース（一括賃貸）

基礎知識

　サブリース（一括賃貸）では、不動産所有者（賃貸人）はアパートなどの賃貸不動産を不動産管理会社等（転貸人）に一括して賃貸して、不動産管理会社はこの物件を賃借人（入居者）に転貸します〔図表2-4-16〕。

　なお、いわゆる家賃保証といわれているものには、このサブリース方式だけでなく、滞納家賃のみを保証するものなど、契約内容によってさまざまな形態があります。

知識を活かす

　サブリースは契約内容や不動産管理会社によって異なりますが、一般的には次のようなメリットとデメリットがあります。

〔図表2-4-16〕 サブリース（一括賃貸）

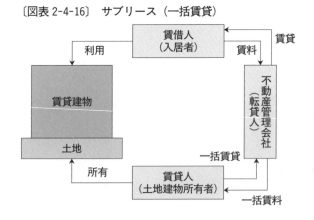

＜メリット＞
① 賃料収入が安定する、賃料滞納トラブルを回避することができる
　　賃貸住宅経営においての最大のリスクの1つである空室リスクや、賃料滞納リスクを回避することができます。
② 賃借人との交渉など管理の手間が大幅に少なくなる
　　不動産所有者がアパートなどを貸しているのは不動産管理会社であって、実際の賃借人ではありません。そのため、賃貸借契約の交渉などは不動産管理会社とすればよいので、手間が大幅に軽減されます。

＜デメリット＞
① 礼金・敷金は不動産管理会社が受け取る
　　礼金や敷金を建築資金等に充てることができず、その運用益を得ることもできません。
② 賃料収入が少なくなる
　　一般的には、周辺の相場賃料や実際の賃借人からの賃料より10〜20％程度低い金額となります。

＜留意点＞
　　サブリースの契約期間は10年から30年の長期間にわたるものもありますが、2、3年ごとに賃料の見直しが行われることが一般的です。一括賃料の引き下げをめぐるトラブルも発生しているため、専門家にも相談の上、契約時にサブリース契約の内容を確認する必要があります。
　　また、長期間の契約になるため、不動産管理会社の信用状況等にも十分留意しなければなりません。

5．注意すべき不動産
① 貸宅地（底地）

基礎知識

一般的に、貸宅地（底地）には以下のような問題があります。

〇低収益性
- ・地代が低く、値上げが難しい
- ・固定資産税等の保有コストがかかる

〇管理負担
- ・地代の徴収、更新料や条件変更に伴う交渉等の手間がかかる

〇処分・活用の制限
- ・借地権の権利が強く、自ら使用できず、借地人以外への売却が難しい
- ・契約期間が満了しても、借地契約が更新されることが多い

〇相続発生時
- ・相続税評価額が時価（売却可能価格）より高くなることが多い
- ・必ずしも物納できるとは限らない

〇その他
- ・口頭での契約や契約書紛失などにより、契約内容が不明だったり、無断増改築などがあったりする

知識を活かす

貸宅地は、昔から愛着のある所有者はともかくとして、相続などによって受け継ぐ若い人にとっては、世代交代により借地人との関係が希薄になっていることもあり、一般的には不利な資産と考えられています。特に相続発生時には、実際に売れる価格よりも相続税評価額が高く評価される可

2章　活用対策

能性が高いため、事前に売却して金融資産に組み換えたほうが相続税は少なくなることもよくあります。

　貸宅地（底地）の整理には〔図表 2-5-1〕のような方法だけでなく、デベロッパー（不動産会社）などの第三者とともに共同事業を行ったり、そのままの状態で物納できるように準備（3-1-❹-③参照）したりするという方法もあります。**いずれにしても長い時間を要しますので、専門家に相談した上で、早期の対策着手が必要になります。**

〔図表 2-5-1〕　貸宅地（底地）の主な整理方法

方　法	特　徴	留意点
借地人への売却	地代収入はなくなりますが、地代の集金や更新、各種承諾などの手間がなくなります。借地人に強い購入意思があれば、比較的高い金額での売却が期待できます。	借地人にとっては低い賃料で借りているため、提案に応じない可能性があります。売却額や時期など条件交渉に労力を要します。
底地買取業者への売却	業者との条件が折り合えば売却が可能です。借地人との交渉や承諾は不要です。	借地人への売却と比較すると、一般的に売却額は低くなります。売却時期や手法によっては、借地人との関係を悪化させる可能性があります。
底地と借地を同時に売却	借地人と共同で売却するため、完全所有権として比較的高値での売却が期待できます。	売却先の選定や売却額の決定など、単独での意思決定はできません。売却額の配分を事前に取り決めておくことが、後のトラブル防止につながります。
借地権の買取り	借地権を買い取ることで、完全所有権として利用可能となります。土地の有効活用や売却など、選択肢が広がります。	買取資金が必要になります。借地人との関係や不動産市況、交渉のタイミングなど、各種条件によって買取額や要する手間などが異なります。
底地所有者と借地人が底地と借地権を一部交換	借地権を買い取る場合に比べて費用がかかりません。お互いに完全所有権とすることができます。	建物の配置、土地の広さ、地形など、物理的に交換が可能である必要があります。固定資産の交換特例を満たせば、譲渡所得税はかかりません。交換比率など条件交渉に労力を要します。

5. 注意すべき不動産

② 農地

基礎知識

農地にはさまざまな法律が関係し、建物の建築や売買などの行為が制限されているため注意が必要です。

農地法では、市街化区域内であっても、農地の転用や転用目的の所有権移転等については農業委員会への届出が必要とされます。なお、農地法でいう農地とは、耕作の目的に供される土地のことで、登記上の地目を問いません。

また、**生産緑地地区に指定されている農地については**、〔図表2-5-2〕の通り**建築物の新築等には市町村長の許可が必要となる**などの行為制限があります。

〔図表2-5-2〕 生産緑地法の概要

指定条件 (生産緑地地区に関する都市計画)	市街化区域内の農地等で以下に掲げる条件に該当するもの ①農林漁業と調和した都市環境の保全等に役立つ公共施設適地 ②用排水その他の状況からみて農林漁業継続可能用地 ③面積500m² 以上
行為の制限	当該地区で以下の行為を行うには市町村長の許可が必要 ①建築物、その他の工作物等の新築、増改築 ②宅地の造成など土地の形質の変更　等
行為制限の解除	買取りの申し出があったにもかかわらず、この申し出があった日から起算して3カ月以内に買取りをしない場合
買取りの申し出	以下の場合に生産緑地の所有者は市町村長に対し、時価による買取りの申し出ができる ①都市計画の告示の日から起算して30年を経過したとき ②生産緑地に係る農林漁業の主たる従事者が死亡し、または農林漁業に従事することが不可能になった場合

2章　活用対策

知識を活かす

　3大都市圏の市街化区域内の農地などは、基本的には固定資産税などが宅地並みに課されます。しかし、生産緑地の指定を受けることによって、農地並みの課税となります。

　また、生産緑地の指定を受けていると、一定の要件を満たせば、相続税の納税猶予の特例を受けることができます。

　しかし、生産緑地の指定を受けている農地は、原則として農地もしくは農業関連施設としての利用に限定されており、宅地などに転用することができません。そのため、売却も難しくなってしまいます。

　生産緑地である農地を売却したり、宅地として活用したりする最大の機会が相続です。相続があったときに、引き続き生産緑地として継続するか、買取りの申し出をした上で、生産緑地の行為制限を解除して、宅地として活用したり、売却したりするといった判断が重要になります。

　生産緑地のままで、安易に相続税の納税猶予の適用を受けると、農業相続人は一生、農業をやめることができなくなることもあります（3-1-❸-③参照）。

5．注意すべき不動産

③　共有不動産

|基礎知識|

共有不動産についての主な問題点は以下の通りです。

- 売却、有効活用、担保提供にあたっては、原則として共有者全員の同意が必要となります。
- 管理や費用負担の分担で問題が発生する可能性があります。
- 共有者から分割請求を受けることがあります。
- 相続が発生すると権利関係がさらに複雑になります（例えば、兄弟姉妹間での共有不動産は、兄弟姉妹が亡くなると、その相続発生後は、その子どもであるいとこ同士の共有となります）。
- 共有者単独では物納することができません。

|知識を活かす|

　共有の解消方法として、主に4つの方法〔図表2-5-3〕があり、その留意点は以下の通りです。**早めに共有を解消しておくことが、後のトラブル防止につながります。**

①　共有物分割

　　分割後の面積、地形、接道状況などによっては、分割に適さない場合があります。

②　換価

　　売却代金で他の不動産に買い換えたり、金融商品での運用を行ったりするなど、自由に使途が選択できますが、譲渡所得税がかかります。

2章　活用対策

③　持分買取り（持分売却）

適正な買取価格の判定が難しく、契約などの売買手続きがあいまいになりがちです。

④　持分交換

交換を成立させるための交渉が難しく、固定資産の交換特例（3-3-⑤参照）が適用できないと譲渡所得税がかかります。

〔図表 2-5-3〕　共有不動産の解消方法

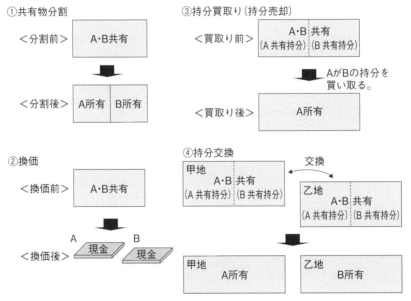

参考知識10　アパートの簡易採算計算

　土地の上にアパートなどを建築して賃貸する場合、事業収支の目安として「100倍判定法」があります。この判定法は、事業資金全額を借り入れた場合、収入が支出を上回る（支出≦収入）か否かを判断するため、以下の計算式を目安にする方法です。ただし、あくまでも一定の前提条件の下での簡易的な判定方法です。

計算式：「**建築費単価≦月額賃料単価×100**」

　これによれば、アパートの建築費単価が20万円／m²の場合、月額賃料単価が2,000円／m²以上で貸せないと事業収支がプラスとならないということになります。さらに、土地から購入する場合、月額賃料単価は2,000円／m²を大きく上回る必要があります。

　なお、100という指数は、以下の計算によって求められます。

（前提条件）

建築費単価：X、専有率：80％（延床面積の80％が賃貸可能な面積）、借入金賦金率：0.006326（年利4.5％、20年元利均等返済の場合の借入金に対する毎月返済額の割合）、月額賃料単価：Y、経常経費率：20％（支払利息・減価償却費を除く経費の賃料収入に対する割合）

$X \div 0.8 \times 0.006326 = Y \times (1-0.2)$

$X = 0.8Y \times 0.8 \div 0.006326 ≒ 101.2Y$

（出所）『2009年度版 ケーススタディFPフォローアップ講座 第2分冊 地主・個人事業主に対する提案』（きんざい）より一部変更

3章

税金対策

1．不動産の相続 《①税額の計算》

① 相続税の計算方法

基礎知識

相続税の税額の計算方法は以下の通りです。

〔図表 3-1-1〕 相続税の計算例

前提条件

課税価格の合計額：2億円、法定相続人：妻・子2人（合計3人）、法定相続分で相続する

〇課税価格の合計額から基礎控除額を差し引く

（課税価格の合計額） － （基礎控除額(注)） ＝ （課税遺産総額）
　　2億円　　　　　　　4,800万円　　　　　　1億5,200万円　　（注）　3,000万円＋(600万円×3人)

〇課税遺産総額を法定相続分で分ける（税率、控除額は下記の税率表を参照）

〇相続税の総額を実際の相続割合で分ける

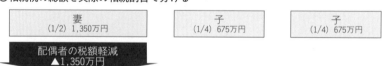

〇実際に納める税金

妻	子	子
0円	675万円	675万円

＜相続税の税率表＞

法定相続分に応ずる取得金額	1,000万円以下	1,000万円超 3,000万円以下	3,000万円超 5,000万円以下	5,000万円超 1億円以下	1億円超 2億円以下	2億円超 3億円以下	3億円超 6億円以下	6億円超
税　率	10%	15%	20%	30%	40%	45%	50%	55%
控除額	－	50万円	200万円	700万円	1,700万円	2,700万円	4,200万円	7,200万円

3章　税金対策

なお、相続税には基礎控除額という非課税枠があります。

3,000万円＋(600万円×法定相続人の数)

知識を活かす

相続税は、 基礎知識 の通り、いったん相続財産を法定相続割合に基づき分割したと仮定して相続税の総額を計算した上で、その金額を実際の相続割合に応じて各人が支払うことになります。

そのため、**実際の相続割合の違いにより、各人の相続税額は変わりますが、相続税の総額は一定であり、配偶者の税額軽減などの特例を適用しなければ、基本的に相続税の合計額は変わりません**〔図表3-1-2〕(3-1-❸-④参照)。

〔図表3-1-2〕　相続割合の違いによる相続税の総額

前提条件
課税価格の合計額：2億円、法定相続人：子2人（A、B）

	①A：1億円、B：1億円相続	②A：2億円、B：0円相続
相続税の総額	3,340万円	3,340万円
各人の相続税額	A：1,670万円 B：1,670万円	A：3,340万円 B：0円

1．不動産の相続《①税額の計算》
②　相続税額の 2 割加算

[基礎知識]

　各人の相続税額を計算する場合、**相続などで財産を取得した人が、被相続人の 1 親等の血族（親、子など）および配偶者以外の場合は、その人の算出税額にその 2 割相当の金額を加算します。**

　なお、平成15年度税制改正により、被相続人の孫（代襲相続人を除く）は、被相続人の養子となった場合でも、2 割加算の対象となります。

[知識を活かす]

　被相続人の後継者として考えている子どもの子ども（被相続人の孫）や、同居して家族同様に世話になっている子どもの配偶者などを、さまざまな理由で養子にすることがありますが、その際、相続税の総額が減少することがあります〔図表3-1-3〕。その理由は、養子によって法定相続人の人数が増えるため、①基礎控除額が増加すること、②累進税率（1 人当たりの課税遺産額が多いほど税率が高くなる）の適用税率が低くなることがあるためです（3-1-❶-①参照）。また、法定相続人の人数が増えることによって、生命保険金などの非課税の金額も増えます。さらに、孫養子の場合は、子どもへの相続と孫への相続で相続税が 2 回かかるところが、孫に直接財産を渡すことで 1 回の課税ですみます。

　ただし、[基礎知識] の通り、孫養子については相続税額の 2 割加算の対象となります。また、民法上は養子には人数制限はありませんが、昭和63年12月31日以後の相続については、相続税法上、養子として認められる人数は実子がいる場合は 1 人、いない場合は 2 人に限られています。

3章　税金対策

　現在の税制においては、養子をとることで相続税が少なくなる可能性はありますが、養子にも法定相続分があるため、遺産分割時にもめることがあります。また、養子となる人の気持ちにも配慮する必要があります。なお、養子にも遺留分があるため、養子をとることにより、他の相続人の遺留分が少なくなることも知っておくとよいでしょう。

〔図表3-1-3〕　養子による相続税額の違い

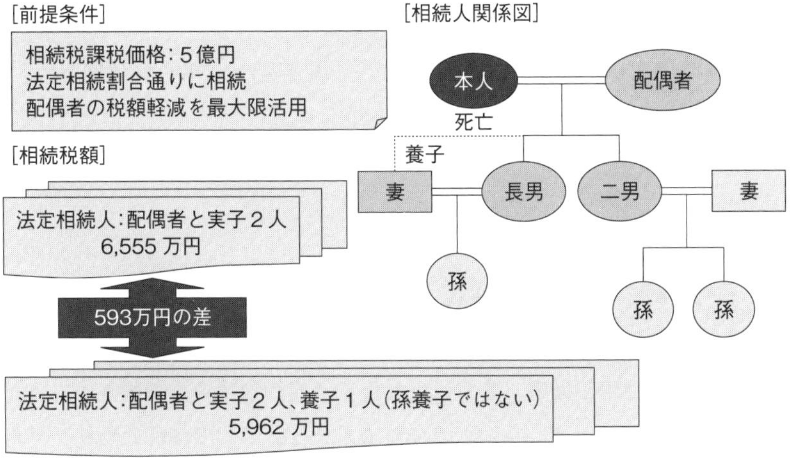

[前提条件]
相続税課税価格：5億円
法定相続割合通りに相続
配偶者の税額軽減を最大限活用

[相続人関係図]
本人（死亡）―配偶者
養子―妻―長男―二男―妻
孫、孫、孫

[相続税額]
法定相続人：配偶者と実子2人
6,555万円

593万円の差

法定相続人：配偶者と実子2人、養子1人（孫養子ではない）
5,962万円

1. 不動産の相続 《①税額の計算》
③ 贈与税（暦年課税）

> 基礎知識

＜計算方法＞

贈与税は以下の通り、1年間（1月1日から12月31日）に贈与を受けた財産の合計額から基礎控除額（最高110万円）を差し引き、その残額に税率を乗じて計算します〔図表 3-1-4〕。

　　　（贈与によって取得した財産の価額－110万円）×税率－控除額

　　＜例＞　200万円贈与を受けた場合
　　　　　　（200万円－110万円）×10％－0万円＝9万円

贈与によって取得した財産の価額は、贈与を受ける人ごとに計算するため、同じ年中に2人以上の人から贈与を受けた場合や、同じ人から2回以上にわたり贈与を受けた場合は、それらを合算して計算します。

＜配偶者控除＞

夫婦間で居住用不動産、または居住用不動産の取得資金の贈与があった場合、次頁の条件など、一定の要件を満たせば、基礎控除額に加え、さらに別枠で最高2,000万円までの配偶者控除の適用が受けられます。ただし、この配偶者控除は、同じ配偶者間では一生に1度しか適用を受けられませ

〔図表 3-1-4〕　贈与税の速算表（3-4-③参照）20歳以上の人が父母・祖父母などから贈与を受けた場合

基礎控除および配偶者控除後の課税価格（A）	200万円以下	200万円超400万円以下	400万円超600万円以下	600万円超1,000万円以下	1,000万円超1,500万円以下	1,500万円超3,000万円以下	3,000万円超4,500万円以下	4,500万円超
税率（B）	10%	15%	20%	30%	40%	45%	50%	55%
控除額（C）	—	10万円	30万円	90万円	190万円	265万円	415万円	640万円

（注）　税額＝（A）×（B）－（C）

ん。

- 婚姻期間が20年以上である配偶者からの贈与であること
- 居住用不動産、または居住用不動産の取得に充てた金銭の贈与であること
- 翌年3月15日までに居住し、かつその後も引き続き居住する見込み
- 贈与税の申告をすること

知識を活かす

　同じ金額の財産を渡すのであれば、一般に贈与よりも相続のほうが税率は低くなるため、後者のほうが税金は少なくなります。

　しかし、**相続はタイミングを選べませんが、贈与であれば「必要な時」に「必要な金額」を「必要な人」に渡すことができます。また、計画的に長期的な対策に基づいた贈与を行えば相続対策にもなります。**

　贈与税の配偶者控除、相続時精算課税の活用や、複数の人への長期間の贈与、孫への一世代飛び越し贈与や遺贈（遺言による贈与）、値上がりする可能性の高い資産の贈与などを、税理士などの専門家に相談して検討してみるとよいでしょう。

　ただし、配偶者や子ども、孫に贈与したお金を銀行などに預けた際に、もらった人が勝手に使うと困るので、あげた人が自分で通帳や印鑑などを保管していたり、もらった人がその存在すら知らなかったりした場合、贈与ではなく、単に口座の名義変更をしただけの名義借りと判断される可能性があります。基礎控除額を超える金額であれば、贈与税の申告をすることはもちろんのこと、贈与契約書の作成や入出金の記録だけでなく、贈与された預貯金は、もらった人が自ら預入し、管理、運用することが重要です。なお、通常、金融機関は、このような名義預金を取り扱っていません。

1．不動産の相続《①税額の計算》
④　相続時精算課税

基礎知識

　相続税、贈与税には相続時精算課税という制度があります〔図表3-1-5〕。この制度は60歳以上の親・祖父母などから20歳以上の子ども・孫などへの贈与があり、一定の事項を記載した贈与税の申告書を提出した場合にのみ適用されます。この贈与について、現金、株式、不動産など財産の種類に制限はありません。なお、いったんこの特例を適用して贈与をした場合、その子ども・孫などに対するその後の贈与においては、通常の110万円の非課税枠（暦年課税）を使うことはできません。

　この特例では、贈与するときに累計で2,500万円までの非課税枠（特別控除額）を複数年にわたり利用できます。さらに、非課税枠を超えても、その超えた金額にかかる税率は一律20％となります。

　しかし、この特例で贈与をした金額は、相続時に相続財産に加えて相続税を計算することになります。そして、計算された相続税の金額から贈与のときに支払った贈与税を差し引いた金額を支払い、引ききれなかった場合は還付されます。

知識を活かす

　基礎知識の通り、たくさんの金額を一度に贈与をする場合、この特例を使うと、暦年課税による贈与税より税金が少なくなります。しかし、生前に贈与をしても、相続税のかかる財産が減るわけではないため、本来、相続税は少なくなりません。

〔図表 3-1-5〕 贈与税（暦年課税）と相続時精算課税

	贈与税（暦年課税）	相続時精算課税
贈与者 受贈者	制限なし	60歳以上の親・祖父母などから20歳以上の子・孫などへの贈与
選択	不要	父母ごと、兄弟姉妹ごとに贈与者と受贈者の組み合わせを選択 一度選択すれば、相続時まで継続適用
非課税枠	年110万円（基礎控除）	累計2,500万円 （限度額まで複数回使用可）
贈与税率	10%から55%（8段階）	一律20%
相続時	相続開始前3年以内の被相続人からの贈与財産を加算、贈与税額を控除	相続時精算課税制度を選択した被相続人からの贈与財産を合算、贈与税額を控除

（注） 住宅取得等資金の贈与に係る相続時精算課税制度の特例は贈与者の年齢制限がありません。

実際、この特例は、相続税を少なくするためではなく、次のような場合に多額の贈与をする際に役立ちます。
① 子どもが自宅などを買うお金が足りない場合
② 子どもが借金などの返済で困っている場合
③ 会社オーナーが自社株を後継者である子どもに渡す場合

なお、相続財産に加えるこの特例で贈与した金額は、相続時ではなく贈与時の金額によるため、値上がりする可能性が高い自社株や不動産などを贈与すると、結果的に税金面で有利になる場合があります。しかし、値下がりすると逆に不利になってしまいます。

なお、多額の生前贈与をすると、相続の際の遺産分割において、生前贈与の扱いをめぐってもめる可能性が高くなるため、税金だけでなく相続時の財産の分け方も考えておく必要があります（4-1-③参照）。

1．不動産の相続 《①税額の計算》

⑤ 住宅取得等資金の贈与を受けた場合の贈与税の非課税

基礎知識

住宅取得等資金の贈与については一定金額まで贈与税が非課税になる制度があります。

この制度は平成24年1月1日から平成26年12月31日までの間に、子や孫がマイホームを取得するための資金を父母や祖父母など直系尊属からの贈与により取得した場合は、一定の要件により**次の金額まで贈与税が非課税**となる制度です。

最初に贈与を受けた年	良質な住宅		一般住宅	
	被災者以外	東日本大震災の被災者	被災者以外	東日本大震災の被災者
平成24年	1,500万円	1,500万円	1,000万円	1,000万円
平成25年	1,200万円		700万円	
平成26年	1,000万円		500万円	

（注1） 良質な住宅とは、一定の省エネルギー性や耐震性を備えた住宅用家屋をいいます。
（注2） 東日本大震災の被災者とは、東日本大震災により住宅用家屋が滅失等をした者（当該住宅用家屋が原発警戒区域内に所在する者を含む）をいいます。

(1) 受贈者は、次の要件のすべてを満たす必要があります。

・贈与を受けたときに日本国内に住所を有すること。または、贈与を受けたときに日本国内に住所を有しないものの日本国籍を有し、かつ、受贈者または贈与者がその贈与前5年以内に日本国内に住所を有したことがあること。

・贈与を受けたときに贈与者の直系卑属であること。

・贈与を受けた年の**1月1日において20歳以上**であること。

・贈与を受けた年の**合計所得金額が2,000万円以下**であること。

(2) 非課税の適用が受けられるのは、次の要件を満たす日本国内にある家屋とその敷地の用に供される土地等の取得等資金です。ただし、受贈者の一定の親族など特別の関係のある者からの取得等の対価に充てるものは、非課税の対象となる住宅取得等資金には含まれません。

- **床面積 50m² 以上 240m² 以下（東日本大震災の被災者については 240m² の上限なし）、2分の1以上が専ら居住用**であること。
- 中古住宅の場合は**建築後20年以内（耐火建築物は25年以内）または一定の耐震基準**を備えるものであること。
- 増改築等の場合、工事費用が100万円以上（居住用部分の工事費が全体の工事費の2分の1以上）。

> 知識を活かす

　この制度は**暦年課税と相続時精算課税のいずれの場合でも適用**できるため、**基礎控除額や特別控除額と併用できる**ことが特徴です。

　したがって、平成26年中に贈与を受けた場合、暦年課税であれば基礎控除110万円と合わせて、良質な住宅で最大1,110万円（一般住宅で最大610万円）まで、相続時精算課税であれば特別控除額2,500万円と合わせて、良質な住宅で最大3,500万円（一般住宅で最大3,000万円）までの贈与なら贈与税はかかりません。

　また、この制度により非課税とされた金額は、**贈与者の相続開始時に相続税の課税価格に加算しなくてよい**のも特徴です。

　なお、この制度を適用するためには、贈与を受けた年の翌年3月15日までに住宅用家屋等の取得等をし、原則として同日までに居住の用に供さなければなりません。また、贈与を受けた年の翌年2月1日から3月15日までの間に、一定の書類を添付して贈与税の申告をしなければなりません。

1．不動産の相続 《②相続税の評価》
① 土地と建物の相続税評価額

基礎知識

土地（宅地）および建物の相続税や贈与税での評価方法は以下の通りです。
〇路線価方式（路線価のある土地）：路線価(千円／m^2)×補正率×面積
〇倍率方式（路線価のない土地）：固定資産税評価額×一定の倍率
〇倍率方式（建物）：固定資産税評価額×1.0
また、土地や建物を賃貸している場合の評価額は〔図表3-1-6〕の通りです。

知識を活かす

一般的には遊休地に賃貸建物を建てると相続税評価額が下がります〔図表3-1-7〕。そこで、「相続税の軽減」を目的として、遊休地などにアパートなどの賃貸建物を建築する人が多くいます。

しかし、賃貸建物の建築にあたって一番重要なポイントは、収支などの事業の採算です。**どんなに相続税が少なくなっても、採算が合わない建物は建てるべきではありません。**

さらに、注意が必要なのは、〔図表3-1-7〕の例の相続税評価額は、あくまでも建物完成・賃貸直後に相続が発注することを想定したものであるということです。建物建築から年数が経過すれば、賃料収入により借入金返済が進み、相続財産の減額効果が少なくなります。また、賃料収入が多ければ、相続税の「納税資金の準備」の面では好ましいといえますが、逆に相続財産が増えることも予測できます。

また、遊休地のままであれば分割や売却が容易でも、アパートなどの賃

3章　税金対策

貸建物を建てると「円満な遺産分割」や「納税資金の準備」のための分割や売却が難しくなる場合があります。アパートなどの賃貸建物の建築にあたっては、以上のようなことを総合的に検討する必要があります。

〔図表3-1-6〕　利用状況の違いによる相続税評価額

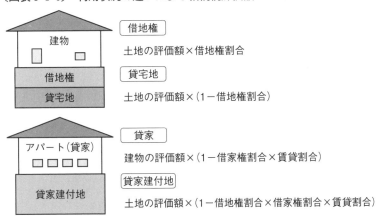

〔図表3-1-7〕　賃貸建物の建築による相続税評価額

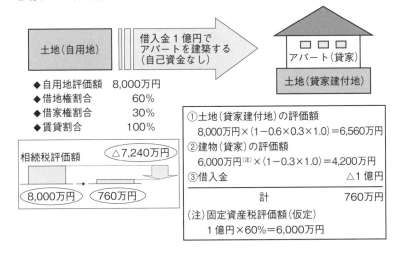

1. 不動産の相続 《②相続税の評価》
② 賃貸建物の建築による相続税評価額

▎基礎知識

　アパートなどの賃貸建物の敷地や賃貸建物の相続税評価額は、3-1-❷-①の通りです。そのため、**遊休地に賃貸建物を建築すると、相続税評価額が下がり、相続税が少なくなる**といわれています。その理由は以下の通りです。

① 　土地の相続税評価額

　　更地（遊休地や駐車場など建物の建っていない土地）に建物を建てて賃貸した場合、土地の利用が制限されるため、相続税評価上、貸家建付地として評価され、その評価額は、更地としての評価（自用地評価）額よりも約10〜20％程度減額されます。

② 　建物の相続税評価額

　　建物の相続税評価額は、原則として固定資産税評価額となり、多くの場合、実際の建築費よりかなり低くなります（50〜60％程度）。さらに、建物を賃貸すると、借家権（原則30％）分低くなり、貸家としての相続税評価額は、結果的に建築費の半額以下になることもよくあります。

▎知識を活かす

　一般的には遊休地に賃貸建物を建てると相続税評価額が下がります。ただし、**相続税評価額は、建物を借入金で建てても自己資金で建てても変わりません〔図表3-1-8〕。なぜなら、相続税評価額が下がる理由は以下の通りだからです。**

3章 税金対策

① 一般的には新築建物の相続税評価額は建築費より低く評価される
② 貸家建付地、貸家評価、小規模宅地等の特例による減額がある

賃貸建物の建築にあたって、自己資金が足りない場合は借入れをする必要がありますが、自己資金があるのに「相続税の軽減」のためだけに借入れをする必要はありません。

しかし、自己資金を使ってしまうと、その後の生活資金や納税資金などの備えが不足してしまいます。そこで、そのようにならないためには、借入れをするか、他の不動産を売却して自己資金を捻出する資産の組換えなどを検討する必要があります。

〔図表3-1-8〕 借入金と自己資金の場合の相続税評価額

<前提条件>	<現状>
◆自用地に賃貸アパートを建築 ◆土地の自用地評価額　8,000万円 ◆借地権割合60％、借家権割合30％、賃貸割合100％ ◆賃貸アパートの建築費用　1億円 ◆賃貸アパートの固定資産税評価額　6,000万円 ◆小規模宅地等の特例は考慮せず	土地（自用地評価）　8,000万円 預貯金　1億円 合計　1億8,000万円

<借入金で建築した場合>	<自己資金で建築した場合>
土地（貸家建付地評価）　6,560万円 賃貸アパート（貸家評価）　4,200万円 借入金　△1億円 預貯金　1億円 合計　1億760万円	土地（貸家建付地評価）　6,560万円 賃貸アパート（貸家評価）　4,200万円 合計　1億760万円

相続税評価額は同じ

1. 不動産の相続 《②相続税の評価》
③ 収益不動産の購入による相続税評価額

基礎知識

相続税の評価において、預貯金はほぼ預入金額と同額で評価されますが、不動産は購入価格で評価されるわけではありません。**土地（宅地）は路線価等、建物は固定資産税評価額を基に評価され、一般的に購入価格より低くなります。**

〔図表3-1-9〕のような場合、収益不動産の購入価格は2億円ですが、相続税評価額は約1億760万円になります。このように相続税評価額が購入価格より大幅に低くなるのは、3-1-❷-②の理由以外にも、そもそも土地の自用地（更地）としての評価額が売買価格より低いことが多いためです。小規模宅地等の特例が適用できれば、評価額はさらに低くなります。

そのため、収益不動産を購入することによって、自己資金であっても借

〔図表3-1-9〕 収益不動産の購入による相続税評価額

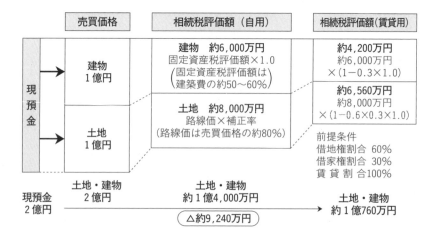

3章　税金対策

入金であっても相続税評価額が低くなり、結果的に「相続税の軽減」になります。

なお、高層マンションの上層階は、眺望のよさなどから相続税評価額に比べ、売買価格がかなり高くなっています。よって、「相続税の軽減」効果は大きくなります。

知識を活かす

収益不動産の購入においては、購入価格と相続税評価額の差が多いほど相続税評価額の減額効果が大きくなります。しかし、その差が大きい場合、相続税評価額が低いのではなく購入価格が高すぎる可能性も考えられます。

〔図表3-1-10〕のように、収益不動産を①2億円で購入した場合の相続税評価額は9,240万円の減額になりますが、②4億円で購入すると2億9,240万円の減額になります。しかし、①の場合の利回りは6％になりますが、②では3％にしかなりません。

一般的に、収益不動産の価格は賃貸収益と利回りによって決まる収益還元法が重視されます（2-1-②参照）。つまり、相場より利回りが低いということは、購入価格が適正価格より高すぎる可能性があります。

〔図表3-1-10〕　購入価格の違いによる相続税評価額

収益不動産	
相続税評価額	1億760万円
純収益	1,200万円／年

①購入価格2億円の場合
＜相続税評価額＞
1億760万円 − 2億円 = △9,240万円
＜純利回り＞
6％（1,200万円／2億円）

②購入価格4億円の場合
＜相続税評価額＞
1億760万円 − 4億円 = △2億9,240万円
＜純利回り＞
3％（1,200万円／4億円）

1．不動産の相続《②相続税の評価》
④　宅地の評価単位

[基礎知識]

　相続税の計算において、宅地は1画地ごとに評価します。1画地とは、「利用の単位となっている1区画の宅地」をいいます。したがって、1画地の宅地は必ずしも1筆の宅地からなるとは限らず、2筆以上の宅地からなる場合もあり、半面、1筆の宅地が2区画以上の宅地として利用されている場合もあります。

[知識を活かす]

　[基礎知識]の通り、不動産の利用方法の違いによって評価単位が変わり、結果的に相続税の評価額が異なることになります。

　例えば、〔図表3-1-11〕のような土地にアパートを建築する際、**敷地全体に(1)アパートを1棟建築する場合と、(2)アパートを2棟建築する場合では、土地の相続税評価額が大幅に異なることがあります。**

　その理由は、アパートを2棟建築することによって、角地として評価される土地の面積が半分になることや、低い路線価のみに面する土地ができることなどがあげられます。

　ただし、土地の面積や建築基準法などの規制によっては、アパートなどの建物が建てられなかったり、建てられても間取りなどがうまくいかなかったりすることもあります。実行にあたっては、建築プランに基づく事業採算性について十分に検討する必要があります。

3章　税金対策

〔図表3-1-11〕　アパート建築方法の違いによる相続税評価額

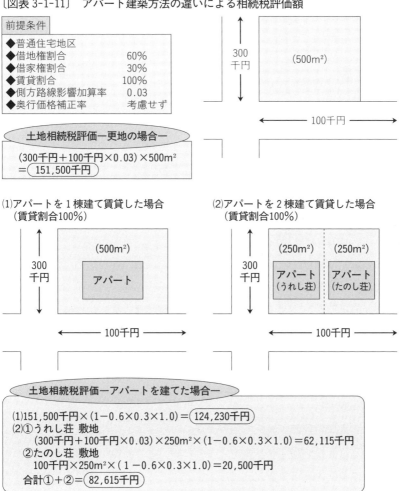

1. 不動産の相続 《②相続税の評価》
⑤ 広大地の評価

[基礎知識]

相続税評価における広大地とは、その地域における標準的な宅地の面積に比べて著しく広大であり、開発行為を行う場合に道路や公園等の公共公益的施設用地の負担が必要と認められる宅地のことです。

このような広大地の評価は以下の算式で行います。

広大地の評価額＝正面路線価×広大地補正率(注)×地積

(注) 広大地補正率(0.35を下限)＝$0.6-0.05\times\dfrac{広大地の地積}{1,000m^2}$

〔図表3-1-12〕

この評価は、戸建住宅用地として開発され、道路等の建物が建てられない土地が生じることを前提としています。そのため、いわゆるマンション適地、既にマンション・ビル、大規模店舗等が建っている敷地、公共公益的施設用地の負担がほとんど生じない土地などについては広大地には該当しません。

[知識を活かす]

この広大地の評価が適用できる土地については、相続税評価額が大幅に低くなる可能性が高くなります。そのため、この評価が適用できるかどうか慎重に判断する必要があります。

〔図表3-1-12〕 広大地補正率

地 積	1,000m²	2,000m²	3,000m²	4,000m²	5,000m²
補正率	0.55	0.50	0.45	0.40	0.35

3章 税金対策

なお、物納する際の収納価額は相続税評価額です。そのため、**相続税の支払いにおいて、物納ではなく譲渡税を支払ってでも売却したほうが手取金額は多くなる場合があります**〔図表3-1-13〕。これは、標準的な宅地の売買価格や有効宅地化率（道路や公園などを除いた宅地の割合）は、相続税評価における路線価や広大地補正率より高い場合が多いからです。相続税の取得費加算の特例が適用できる場合は、さらに売却が有利になる可能性が高まります。

いずれにしても、相続税における不動産の評価は複雑なため、資産税に強い税理士などに相談したほうがよいでしょう。

〔図表3-1-13〕 物納と売却の比較

前提条件
- ◆面積：3,000m²
- ◆相続税評価額：20万円／m²(注1)×3,000m² ×0.45（広大地補正率）＝2億7,000万円
- ◆売却価格：25万円／m²(注1)×3,000m²×50%(注2) ＝3億7,500万円
- ◆相続税額：2億7,000万円
- ◆譲渡税額：3億7,500万円×0.95×20% ＝7,125万円(注3)
- ◆売却手数料：3億7,500万円×3％＝1,125万円

(注1) 売却価格の8割を路線価と仮定
(注2) 有効宅地化率を50％と仮定
(注3) 長期譲渡、取得費は売却価格の5％と仮定、相続税の取得費加算の特例を適用しない場合

手取金額

物納	2億7,000万円（相続税評価額）－2億7,000万円（相続税額）＝ 0円
売却（取得費加算特例適用前）	3億7,500万円（売却価格）－2億7,000万円（相続税額）－7,125万円（譲渡税額）－1,125万円（売却手数料）＝ 2,250万円

(注) 物納や売却に要する費用は除きます。

1. 不動産の相続 《②相続税の評価》
⑥ 定期借地権で貸している土地の評価

[基礎知識]

相続税では、**定期借地権で貸している底地（貸宅地）は、一般定期借地権で貸している場合を除き、以下のいずれか低い価額で評価します。**

- 自用地価額 − 定期借地権の価額(注)
- （注） 定期借地権の価額＝自用地価額×設定時の定期借地権割合×逓減率
- 自用地価額×（1 − 残存期間に応じた減額割合〔**図表 3-1-14**〕）

なお、**一般定期借地権で貸している底地のうち、一定のものについては、以下の通り評価**します。

- 自用地価額 − 一般定期借地権相当額(注)
- （注） 一般定期借地権相当額＝自用地価額×（1 − 底地割合〔**図表 3-1-15**〕）×逓減率

[知識を活かす]

[基礎知識]の通り、定期借地権で貸している底地の相続税評価額は最大で20〜45％減額されます。しかし、相続税評価額の減額割合は残存期間が短くなればなるほど少なくなります〔**図表 3-1-16**〕。

また、相続税の計算上、土地所有者が保証金を預かった場合、保証金債務額は、期間満了時に返還すべき金額を借地期間満了時から相続税の課税時期までの残存期間について一定利率で割り戻した価額とされています。つまり、保証金全額を債務として控除することはできません。

なお、**定期借地権は借入れをせずに土地を活用できるという大きなメリットがあります。**

〔図表3-1-14〕
残存期間に応じた減額割合

残存期間	減額割合
5年以下	5％
5年超10年以下	10％
10年超15年以下	15％
15年超	20％

〔図表3-1-15〕 地域区分と底地割合

		借地権割合	（一般定期借地権の）底地割合
		路線価図	評価倍率表	
地域区分	C	70％	55％
	D	60％	60％
	E	50％	65％
	F	40％	70％
	G	30％	75％

〔図表3-1-16〕 一般定期借地権で貸している底地の評価

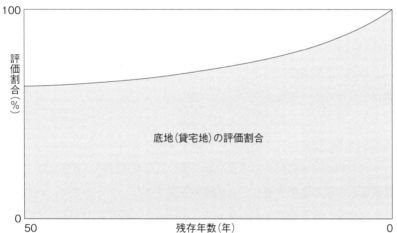

（注） イメージ図であり、正確な割合ではありません。

1. 不動産の相続 《③相続税の特例》
① 配偶者の税額軽減

基礎知識

　配偶者の税額軽減を適用できれば、配偶者は法定相続分か1億6,000万円のいずれか多い金額まで相続しても相続税はかかりません。つまり、配偶者の取得した財産が法定相続分以下であれば、たとえ何億円、何十億円の遺産を取得しても配偶者には相続税がかかりません。

　なお、この特例の対象となる財産は、原則としてその配偶者が相続税の申告期限までに遺産分割等により取得したものに限られ、未分割の財産は含まれません。

知識を活かす

　この特例を最大限に活用できるように遺産を分割すれば、本人の相続時の税金は少なくなります。しかし、相続というものは次世代が財産を受け取ることですから、相続税は本人の相続（一次相続）だけでなく、その本人の配偶者の相続（二次相続）の合計で考える必要があります。

　本人の相続財産額が多い場合や配偶者の固有財産額がある場合は、この特例を最大限に活用すると一次相続の税金は少なくなりますが、一次相続と二次相続の合計税額が多くなってしまいます〔図表3-1-17〕。

　なお、二次相続を考慮すると、配偶者が取得する財産は、値上がりする可能性が低いものや配偶者が消費しやすいものがよいでしょう。

　また、この特例は、相続税の申告期限までに遺産分割されていないと原則として適用できないため、遺言などによる円満な遺産分割のための対策が必要となります。

3章　税金対策

〔図表3-1-17〕　配偶者の税額軽減

前提条件
◆推定相続人：配偶者、子ども2人（計3人） ◆相続財産：相続税評価額　10億円 ◆配偶者固有財産：なし ◆二次相続：一次相続時と評価額・税制不変 　　　　　　法定相続分通りに相続

(注)　一次相続…本人が亡くなったとき
　　　二次相続…本人が亡くなった後、その配偶者が亡くなったとき

相続税額の比較　　　　　　　　　　　　　　　　　　　　　　（単位：万円）

		ケース1（法定相続分通りに取得）		ケース2（配偶者が3割、残りを子が均等に取得）	
		財産額	相続税額	財産額	相続税額
一次相続	配偶者	50,000	0	30,000	0
	子　A	25,000	8,905	35,000	12,467
	子　B	25,000	8,905	35,000	12,467
	計	100,000	17,810	100,000	24,934
二次相続	子　A	25,000	7,605	15,000	3,460
	子　B	25,000	7,605	15,000	3,460
	計	50,000	15,210	30,000	6,920
一次・二次合計税額		―	(33,020)	―	(31,854)

1．不動産の相続《③相続税の特例》
② 小規模宅地等の特例

[基礎知識]

相続財産のうち被相続人などの事業の用または居住の用に供されていた宅地等については、一定の要件を満たすことによって、一定の面積まで相続税の評価額を50％または80％減額することができます〔図表3-1-18〕。

例えば、被相続人の居住用宅地等で、配偶者が取得した場合や、被相続人と同居していた親族がその宅地等を取得し、申告期限まで引き続き居住かつ保有している場合（特定居住用宅地等）は、330m²までの部分について80％減額することができます。

また、アパートや賃貸マンションなどの敷地の場合は、原則、不動産貸付等に利用されている宅地等として、200m²までの部分について50％の減額となります。

なお、未分割の場合はこの特例が適用できませんので、相続税の申告期限までに円満な分割ができるように遺言などによる対策が必要です。

〔図表3-1-18〕 小規模宅地等の特例

宅地等の区分		減額の適用
被相続人等の事業用	事業を継続	400m²まで80％減額
	非継続	適用なし
被相続人等の不動産貸付用	貸付を継続	200m²まで50％減額
	非継続	適用なし
被相続人等の居住用	居住を継続	330m²まで80％減額
	非継続(注)	適用なし

（注） 配偶者が取得した場合は、非継続であっても330m²まで80％減額

3章 税金対策

知識を活かす

小規模宅地等の特例は、単価の低い土地ではなく、単価の高い土地に適用することによって、減額金額が大きくなります〔図表3-1-19〕。

そこで、単価の低い土地を単価の高い土地に買い換えると相続税の評価額が下がります。ただし、不動産の譲渡や取得に関する税金やその他諸費用もかかるので注意しましょう。

平成22年3月31日以前の相続であれば、事業（居住）を継続しなくても200m²まで50％の評価減が適用できましたが、平成22年4月1日以後の相続では適用できなくなりました。税制改正前に対策を実施している場合は見直しが必要です。

なお、平成27年1月1日以後の相続の場合は、特定居住用宅地等と特定事業用宅地等については、それぞれの適用対象面積まで完全併用（330m²＋400m²＝730m²）することが認められることになりました。

よって、一定の自宅の敷地や店舗・工場などの敷地を購入することによって、小規模宅地等の特例を最大限に活用することができる場合があります。

〔図表3-1-19〕 単価の低い土地と高い土地

<前提条件>
A宅地（400m²）：不動産貸付用宅地、相続税評価額：8,000万円（20万円／m²）
B宅地（200m²）：不動産貸付用宅地、相続税評価額：8,000万円（40万円／m²）

＜A宅地＞　　　　　　特例適用面積　　　＜B宅地＞
400m² [200m²]　　←　200m²　→　　　[200m²]

（評価減額）　$8{,}000万円 \times \dfrac{200m^2}{400m^2} \times 50\%$　　$8{,}000万円 \times \dfrac{200m^2}{200m^2} \times 50\%$
　　　　　　＝2,000万円　　　　　　　　＝4,000万円

（課税対象額）8,000万円－2,000万円＝6,000万円　8,000万円－4,000万円＝4,000万円

1．不動産の相続 《③相続税の特例》
③ 農地の相続税の納税猶予特例

[基礎知識]

3大都市圏にある特定市の市街化区域内農地は、保全すべき農地として生産緑地の指定を受けた農地に限り、相続税の納税猶予の特例を適用することができます。

農業相続人が、農業を営んでいた被相続人からその農業の用に供されていた農地等を相続により取得した場合、相続税の申告期限までに、その農地等につき農業経営を開始し、引き続き営むときは、農地等の農業投資価格を超える価額に対する相続税については、納税猶予を受けることができます〔図表3-1-20〕。

なお、次の場合のいずれかに該当することになったとき、納税猶予税額は免除されます。

① 農業相続人が死亡した場合
② 農業相続人が特例農地等の全部を農業後継者に生前一括贈与をした場合

特例農地等について農業経営の廃止、譲渡等の一定の事由が生じた場合は、その納税猶予税額の全部または一部の納税猶予が打ち切られ、その税額と利子税を納付しなければなりません。

3章　税金対策

〔図表3-1-20〕　農地の相続税の納税猶予特例の流れ

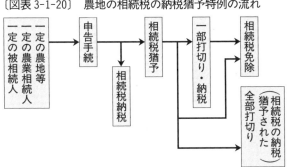

知識を活かす

　3大都市圏の市街化区域内農地であっても、相続税の納税猶予の特例の適用を受けられる場合、おおよそ、宅地としての相続税と農地としての相続税の差額分の納税が猶予されます。

　しかし、これはあくまでも納税の猶予であって、免除ではありません。猶予期間中に、農地を売却したり、農業をやめて宅地に変更したりすると、納税猶予分の相続税と利子税を支払わなければなりません。

　相続税が免除されるのは、一般的には猶予を受けた相続人が亡くなったときです。つまり、**納税猶予を受けた相続人は、農業をやめるにやめられない状態になります。**

　そのため、相続があったときに、相続人は引き続き生産緑地として納税猶予を受けるか、生産緑地の行為制限を解除し、宅地として活用・売却するかを判断することが重要となります（2-5-②参照）。

　なお、この特例は、相続税の申告期限までに遺産分割協議がまとまっていない農地については適用されません。そのため、円満な遺産分割のための対策が必要となります。

1. 不動産の相続 《③相続税の特例》
④ 遺産分割と相続税の特例

基礎知識

　相続税の評価では、宅地の価額は１画地ごとに評価します。この評価単位は、相続、贈与等による取得者ごとに判定します。しかし、贈与、遺産分割等による宅地の分割が親族間等で行われた場合は、例えば、分割後の画地が宅地として通常の用途で使うことができないなど、その分割が著しく不合理であると認められるときは、その分割前の画地を１画地の宅地として評価します。

　なお、土地が複数あるなど、さまざまな財産がある場合は、**遺産分割を行う際、取得する財産の違いによって、配偶者の税額軽減、小規模宅地等の特例などの適用関係の違いにより、相続税の合計額が異なることに**なります。

知識を活かす

　宅地の相続税の評価は取得者ごとに行うため、同じ土地でも遺産分割の仕方によって、相続税の評価額が異なることになります。また、相続人が取得する土地の違いによって、相続税の合計額が異なることもあります（3-1-❷-④参照）。

　例えば、〔図表3-1-21〕のような場合は、小規模宅地等の特例を適用できる土地は、配偶者ではなく子どもが取得したほうが相続税は少なくなります。これは、配偶者の税額軽減を最大限活用できるためです。

　もちろん、遺産分割においては、税金だけでなく相続人のその後の生活などを踏まえ、総合的に検討しなければなりません。

3章　税金対策

　また、相続税の申告期限までに遺産分割されていない財産については、原則として配偶者の税額軽減、小規模宅地等の特例、農地の納税猶予の特例を適用することはできません。そのため、相続対策においては、円満な遺産分割対策が一番重要となります（1-⑨、⑩参照）。

〔図表3-1-21〕　遺産分割と小規模宅地等の特例

前提条件
◆推定相続人：配偶者、子ども1人（計2人） ◆相続財産：自宅土地（240m²）評価額　1億円 　　　　　　（特定居住用宅地等：80％減額） 　　　　　　その他の財産評価額　2億円 ◆小規模宅地等の特例の適用前の評価で法定相続分通りに相続 ◆配偶者の税額軽減を活用

（単位：万円）

		ケース1（配偶者が小規模宅地等の特例を適用）	ケース2（子どもが小規模宅地等の特例を適用）
配偶者	自宅土地	2,000＝10,000－8,000（注） （注）10,000×80％	0
	その他	5,000	15,000
	財産計	7,000（特例適用前の評価15,000）	15,000
	相続税額	0	0
子ども	自宅土地	0	2,000＝10,000－8,000（注） （注）10,000×80％
	その他	15,000	5,000
	財産計	15,000	7,000（特例適用前の評価15,000）
	相続税額	2,686	1,254
合計相続税額		(2,686)	(1,254)

1．不動産の相続 《④納税対策》

① 生命保険

基礎知識

生命保険金に対する課税は、契約形態により課される税金の種類が異なります〔図表3-1-22〕。

- A：生命保険金はみなし相続財産として「500万円×法定相続人の数」の非課税枠を超える金額が相続税の課税対象となります。
- B：生命保険金は一時所得として所得税・住民税の課税対象となります。
- C：「まだ保険事故の発生していない生命保険の権利」としてその解約返戻金相当額が相続財産に加えられます。

知識を活かす

生命保険はさまざまな相続対策に活用することができます。例えば、〔図表3-1-22〕のAのような契約形態では以下の通りです。

① 遺産分割対策

被相続人の死亡によって保険金受取人である相続人が受け取る**生命**

〔図表3-1-22〕 生命保険の契約形態による課税関係

	契約者 （＝保険料負担者）	被保険者	保険金受取人	課税関係(注)
A	被相続人	被相続人	相続人	相続税
B	相続人	被相続人	相続人	所得税・住民税
C	被相続人	相続人	被相続人	相続税

（注） いずれも被相続人死亡の場合の課税関係

3章　税金対策

保険金は、税法ではみなし相続財産として課税されますが、民法では相続財産ではなく、保険金受取人の固有財産であるとされています。そのため、死亡保険金受取人を指定することにより、実質上、遺産分割の方法を指定することができるため、円満な遺産分割に役立てることができます。

② 納税資金対策

例えば1億円の相続税の納税資金を預貯金で準備しようとするとき、積立金額が1億円に到達する前に被相続人が死亡してしまうと、納税資金は不足してしまいます。一方、**生命保険金ならば加入した時点から1億円の納税資金を準備することができます**〔図表3-1-23〕。

また、預貯金や有価証券の相続手続きは複雑で時間がかかりますが、**死亡保険金は比較的短期間で受け取ることができる**ため、葬儀費用や相続税の納税資金として活用しやすくなります。

③ 相続税の軽減対策

一定の死亡保険金には「500万円×法定相続人の数」の非課税枠があるため、これを活用することによって、相続税が少なくなります。

〔図表3-1-23〕 預貯金と生命保険金の違い

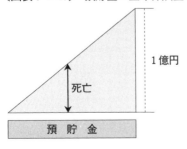
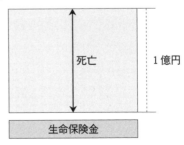

1．不動産の相続 《④納税対策》
② 相続税の延納

基礎知識

　相続税は納期限までに金銭で一括納付することが原則ですが、それが困難な場合は延納が認められます。その要件は、①相続税額が10万円を超えること、②納期限までに金銭で納付することが困難な理由があり、その納付困難な金額を限度とすること、③担保を提供すること、④申告期限までに延納申請書を提出して、税務署長の許可を受けること、です。

　延納期間および利子税は〔図表3-1-24〕の通りであり、延納の許可限度額は以下の通りです。

　延納許可限度額＝①－(②－③－④)

　① 納付すべき相続税額
　② 納付すべき日の現金、預貯金その他換価の容易な財産（相続したものおよび相続人固有のもの）
　③ 延納許可申請者および生計を一にする配偶者その他の親族の3カ月分の生活費
　④ 延納許可申請者の事業継続のために当面（1カ月分）必要な運転資金の額

　なお、平成18年4月1日以後の相続で、相続税を延納中の者が、資力の状況の変化等により延納による納付が困難となった場合は、申告期限から10年以内に限り物納へ変更することができます（特定物納申請）。

3章 税金対策

〔図表3-1-24〕 延納期間と利子税

区　　　分		延納期間(最長)	利子税
相続財産のうち不動産等の価額の占める割合が75％以上の場合	不動産等の価額に対応する税額	20年	年3.6%(0.9%)(注)
	その他の財産の価額に対応する税額	10年	年5.4%(1.4%)(注)
相続財産のうち不動産等の価額の占める割合が50％以上75％未満の場合	不動産等の価額に対応する税額	15年	年3.6%(0.9%)(注)
	その他の財産の価額に対応する税額	10年	年5.4%(1.4%)(注)
上記以外の場合	立木の価額に対応する税額	5年	年4.8%(1.2%)(注)
	その他の財産の価額に対応する税額		年6.0%(1.5%)(注)

(注) 平成26年1月1日以後は、延納特例基準割合（財務大臣が告示する割合＋1％）が年7.3％未満の場合、特例により利子税率は次のとおりとなります（図表中（ ）内は延納特例基準割合が1.9％の場合）。

$$本則の利子税率 \times \frac{延納特例基準割合}{年7.3\%}$$

知識を活かす

相続税の納税にあたっては、安易に延納とするのではなく、以下のようなことを考慮して、不動産の売却を含めて総合的に検討し、早めに準備することが必要になります。

① 生活費も考慮した上で、延納の利子税と分納税額（元本返済相当）を賃料収入やその他の収入で無理なく支払えるか。

② 延納による利子税は、不動産所得の必要経費に算入することはできない。

③ 不動産の所有による固定資産税等の維持・管理経費の負担や地価下落リスクがある。

④ 相続により取得した不動産を売却する場合、相続税申告期限後3年を経過すると、譲渡税の取得費加算の特例が適用されない。

1. 不動産の相続 《④納税対策》
③ 相続税の物納

基礎知識

　相続税は、納税期限である相続開始後、原則10カ月以内に金銭で支払う必要があります。金銭で支払うことが困難な場合は、延納で支払うことができ、延納によっても支払うことが難しい場合は、一定の要件を満たすことにより物納することができます。

　相続財産のうち、物納できる財産の種類およびその順位は、〔図表3-1-25〕の通りです。なお、境界が明らかでない土地などの物納不適格財産は物納が認められず、道路に2m以上接していない土地などの物納劣後財産の物納は、他に適当な価額の財産がないことが必要です。

　物納申請は、納期限までに地積測量図、境界線に関する確認書などの物納手続関係書類を提出しなければなりません。これらの書類の準備等に時間がかかる場合、最長1年延長することができます。物納申請の許可または却下は、原則3カ月以内、一定の場合は6カ月または9カ月以内にしなければなりません。

知識を活かす

　平成18年度税制改正によって、手続きの期限や審査期間が法定化されたため、許可までの期間が大幅に短縮されました。

　しかし、期限までに書類の提出や境界の確定等の一定の要件を満たさなければ物納することはできません。特に以下の事項に注意してください。

　・共有持分での物納はできず、その土地の所有者全員が物納すること
　・隣接地との境界が確定し、地積測量図や境界確認書が揃うこと

〔図表3-1-25〕 物納財産の種類および順位

順位	物納に充てることのできる財産の種類
第1順位	①国債、地方債、不動産、船舶
	②不動産のうち物納劣後財産に該当するもの
第2順位	③社債、株式、証券投資信託または貸付信託の受益証券
	④株式のうち物納劣後財産に該当するもの
第3順位	⑤動産

・隣接地からの越境物や隣接地への越境物を撤去すること
・貸宅地の場合、借地権者との間に土地賃貸借契約を書面で締結し、適正な賃料を授受していること

そのため、**生前から物納の準備をする必要があります。特に地積測量図や境界確認書などは売却時にも必要ですから、生前からいつでも売却できる準備をしておき、そのような不動産関係書類をわかりやすくまとめて保存しておくとよいでしょう。**

また、相続争いが起こってしまうと物納することができなくなってしまうため、「円満な遺産分割」対策が必要です。

2．不動産の保有《①保有時の税金》
① 固定資産税

__基礎知識__

　固定資産税や都市計画税は、固定資産（土地、建物など）の所有者に対して課される税金であり、以下の通り計算されます。

○固定資産税

　　固定資産税の課税標準額×1.4%（標準税率）

○都市計画税

　　都市計画税の課税標準額×0.3%（制限税率）

　なお、住宅用地については固定資産税、都市計画税を軽減する特例があります〔図表3-2-1〕。

__知識を活かす__

　固定資産税の課税標準額は原則として固定資産税評価額で、この評価額は基準年度（3年ごと）に決定し、原則として3年間据え置かれます。

　なお、固定資産税の評価額に対する税負担が地域や土地によって格差があるのは税の公平という面で問題があることから、この格差を解消していくための仕組みが導入されています。この仕組みは、負担水準（評価額に

〔図表3-2-1〕 固定資産税と都市計画税の軽減特例

	固定資産税	都市計画税
小規模住宅用地 （200m²／戸までの部分）	その年度の固定資産税 評価額×⑴/6⑴	その年度の固定資産税 評価額×⑴/3⑴
一般の住宅用地 （200m²／戸を超える部分）	その年度の固定資産税 評価額×⑴/3⑴	その年度の固定資産税 評価額×⑴2/3⑴

対する前年度課税標準額の割合）が低い土地については段階的に税負担を引き上げていくという仕組みです。これにより、評価替えで評価額が下がった土地であっても、負担水準が低かったものは、段階的に税負担が上昇することもあります〔図表3-2-2〕。つまり、地価が下落しても固定資産税が少なくなるとは限りません。

そこで、**アパートなどの賃貸住宅を建築して有効利用すれば、収益を稼ぐことができるとともに、固定資産税の軽減の特例を活用することもできます**。なお、小規模住宅用地の判定は、1戸当たり200m²のため、5戸あれば1,000m²までが該当することになります。

また、賃貸住宅を建築することによって所得税の計算上、固定資産税を経費に算入することができるようになります。

〔図表3-2-2〕　固定資産税評価額と課税標準額

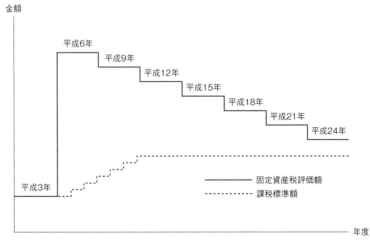

（注）イメージ図であり、正確な金額ではありません。

2．不動産の保有《①保有時の税金》
② 損益通算

[基礎知識]

　所得税は総合課税を原則としているため、各種の所得金額をそれぞれ計算した後、各所得を合算して総所得金額を計算します。不動産所得などの計算上生じた赤字（損失）のうち、特定のものについては、一定の順序に従って他の黒字（利益）の所得金額から差し引くことができます。これを損益通算といいます。

　なお、不動産所得の金額の計算上生じた赤字は、原則として損益通算できますが、赤字のうち土地等取得のための借入金利息に相当する部分は損益通算の対象外となります。

[知識を活かす]

　アパートなどの賃料収入などの不動産所得は、借入金利息や減価償却などによって、赤字になることがあります。その際は、給与所得などの他の所得の黒字と損益通算することによって総所得金額が減少するため、所得税が少なくなります。しかし、いくら税金が少なくなるといっても、ずっと赤字では困ってしまいます。

　なお、自己資金ではなく借入れをして賃貸建物を建てると、借入金の利息を経費に算入することができるため、所得税が少なくなり有利であるともいわれています。

　例えば、〔図表 3-2-3〕のような場合、借入金の利息を100万円支払うことによって、所得税等の税金が50万円少なくなります。しかし、利息支払額から所得税等の減額分を差し引いた50万円分のキャッシュフローが悪化

3章　税金対策

します。さらに、借入れをすることによって、利息支払いはもちろんのこと元本も返済しなければなりません。

　また、不動産投資や建物建築をすることによる建物の減価償却費は、賃貸期間中は支出がなくとも不動産所得の経費に算入することができるため有利であるといわれていますが、そうとは限りません（2-4-❶-⑤参照）。

　不動産投資においては、将来の売却損益を含めた投資の採算性・キャッシュフローをしっかり見極める必要があります。

〔図表3-2-3〕　借入金とキャッシュフロー

前提条件
◆収益　400万円
◆費用（借入金利息を除く）100万円
◆借入金利息　100万円
◆所得税等実効税率　50%

①借入金なしの場合

＜キャッシュフロー＞
400万円(収益)－100万円(費用)
－150万円(注)＝(150万円)

（注）　所得税等
(400万円－100万円)×50%＝150万円

②借入金ありの場合

＜キャッシュフロー＞
400万円(収益)－100万円(費用)
－100万円(借入金利息)－100万円(注)
＝(100万円)
（注）　所得税等
(400万円－100万円－100万円)×50%
＝100万円
※　借入金の元本返済は考慮していません。

2．不動産の保有《②不動産賃貸の手法》
① 建物の名義

[基礎知識]

① **親の土地に親が賃貸建物を建てた場合（〔図表3-2-4〕①）**

○相続税評価額

　土地は貸家建付地となり評価額が下がります。また、通常、建物の評価額は建築費より低く、賃貸建物の場合、さらに借家権の評価分低くなります。

○賃料収入

　賃料収入は親に帰属します。親の収入が多い場合は所得税が高くなります。また、親の財産が増加するため相続税が増える場合もあります。

② **親の土地に子どもが賃貸建物を建てた場合（〔図表3-2-4〕②）**

○相続税評価額

　土地の地代が固定資産税程度以下であれば、税務上は使用貸借とみなされ、土地は自用地として100％評価されます。また建物については、子どもが建てるので評価額に影響はありません。

○賃料収入

　賃料収入は子どもに帰属します。子どもの所得が少なければ、所得税の増加が少なくてすみます。また、親の財産の増加を抑えることにより相続税の増加を防ぐことができ、子どもは賃料収入により相続税の納税資金を確保できます。

3章 税金対策

〔図表 3-2-4〕 土地と建物の所有者と課税関係

	①親が建築	②子どもが建築
土地建物の権利関係	建物：親／土地：親（賃貸借契約で借家人へ）	建物：子ども／土地：親（賃貸借契約で借家人へ）（注）土地は使用貸借契約
家賃収入の帰属	親	子ども
相続税（土地評価）	貸家建付地評価	自用地評価
相続税（建物評価）	貸家評価	―
相続対策としての特徴	・相続税評価額が下がる ・家賃収入が親に帰属	・土地（貸家建付地）評価減、建物評価減を享受できない ・家賃収入が子どもに帰属

知識を活かす

建物は原則として建築資金を出した人の名義とします。建物の名義によっては相続税評価額や所得税などにも違いが出てきますので、**遊休地などにアパートなどの賃貸建物を建てる際、誰が資金を出して建てるかを税理士などに相談して、慎重に判断する必要があります。**

一般的には、相続対策が目的の場合には、親が建築するとよいといわれています。

一方、親の年齢が若く相続発生までの期間が長く、子どもの資産形成が目的の場合は、子どもが建築することを検討するとよいでしょう。ただし、権利関係が複雑になるため、相続時の遺産分割でもめないようにしなければなりません。

なお、親名義で建物を建てても、子どもや不動産管理会社に贈与や売買することによってメリットを享受することができる場合もあります（3-2-❷-③参照）。

2．不動産の保有 《②不動産賃貸の手法》
② 不動産管理会社の活用方法

基礎知識

不動産賃貸を行う際、不動産管理業務の効率化などを目的として、土地所有者やその親族が不動産管理会社を設立し、その会社に管理業務等を委託するという方法もあります。

このような不動産管理会社は、以下の通り分類できます。

① **管理委託方式**〔図表3-2-5〕

建物や借家人の管理を会社に委託し、管理料を支払う。

② **一括賃貸方式**〔図表3-2-6〕

建物を会社に一括して賃貸し、会社はこれを借家人に転貸する。

③ **不動産所有方式**〔図表3-2-7〕

会社が建物を取得・建築して、借家人に賃貸する。

知識を活かす

3つの方式の特徴および注意点は以下の通りです。

① **管理委託方式**

空室が生じた場合のリスクは、土地建物所有者が負います。相続発生時に空室がある場合、その部分については原則として貸家、貸家建付地の評価ができません。

所有者は会社に管理料を支払うことにより、自分の所得が少なくなります。なお、管理料は、管理物件の規模や種類、管理業務の内容等を考慮して適正な金額にすることが必要です。

3章　税金対策

② 一括賃貸方式

　空室が生じた場合のリスクは管理会社が負います。土地建物所有者は収入が安定しますが、空室が多くなると会社の経営が厳しくなります。一括賃貸であるため、常に貸家、貸家建付地の評価となります。

　会社から受け取る一括賃料は借家人からの賃料より少ないため、所有者の所得が少なくなります。なお、一括賃料は空室リスクや管理業務の内容等を総合的に考慮して適正な金額にすることが必要です。

③ 不動産所有方式

　3-2-❷-③および④を参照。

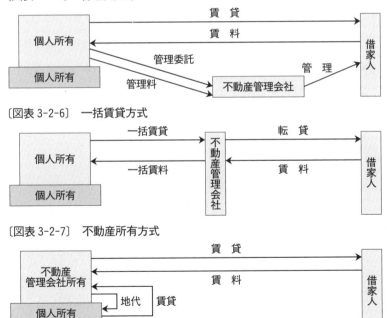

〔図表 3-2-5〕 管理委託方式

〔図表 3-2-6〕 一括賃貸方式

〔図表 3-2-7〕 不動産所有方式

173

2．不動産の保有《②不動産賃貸の手法》
③　不動産管理会社（所有方式）の特徴

基礎知識

不動産管理会社（所有方式）では、子どもなどが出資した不動産管理会社名義で賃貸建物を建築または取得するため、**借家人からの賃料は会社が受け取ります**。また、土地所有者やその配偶者、子どもなどの親族が不動産管理会社の役員となり、会社から適正な役員報酬を受け取ります。

知識を活かす

不動産管理会社（所有方式）の税務面での主な効果は以下の通りです。

①　所得課税〔図表3-2-8〕

　　不動産賃貸による個人の不動産所得にかかる**所得税等の最高税率より会社の所得にかかる法人税等の税率のほうが低くなります**。また、土地所有者以外の人も会社から役員報酬を受け取ることによって、所得が分散されるため、**所得税の累進税率が緩和されます**。さらに、各人が**給与所得控除を利用することができます**。

②　相続課税〔図表3-2-9〕

　　賃料収入などの所得が会社にも分散されるため、土地所有者の財産の増加が抑えられます。また、**子どもなどの出資により会社を設立することにより、会社の財産は実質的に子どものものとなります**。

なお、不動産管理会社のデメリットや留意点は以下の通りです。

・会社設立には資金や費用がかかり、個人だけでなく会社でも税務申告などが必要になります。

・土地、建物などの不動産を個人から会社に移転する場合、譲渡所得税

3章 税金対策

や法人税、不動産取得税、登録免許税、消費税等の負担が生じます。

〔図表3-2-8〕 所得課税（イメージ）

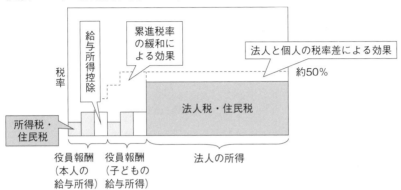

（注） 点線部分は本人が土地建物を所有・賃貸した場合の所得税・住民税

〔図表3-2-9〕 相続課税（イメージ）

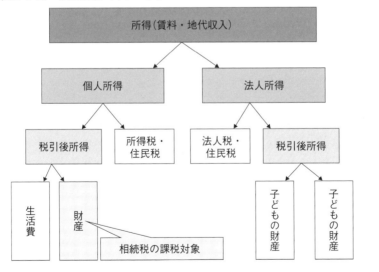

2．不動産の保有《②不動産賃貸の手法》
④ 相当地代方式、無償返還方式

[基礎知識]

　土地の賃貸に際して、借地権の取引慣行がある地域において、権利金を支払うことなく借地権が設定されたときは、地主から借地人に借地権相当額の贈与があったものとみなされます。

　ただし、次の場合には権利金等の一時金の授受がなく土地の貸借があっても、借地権相当額の贈与があったとはみなされません。

① **個人間での使用貸借**(注1)**の場合**
　　（注1）　支払地代なし、または固定資産税等の公租公課相当額以下
② **相当の地代**(注2)**が支払われている場合**〔図表3-2-10〕
　　（注2）　自用地の相続税評価額の過去3年間の平均額×6％
③ **「土地の無償返還届出書」**(注3)**を提出した場合**〔図表3-2-11〕
　　（注3）　将来、借りた土地を地主に無償で返還することを約する

　なお、上記の場合の相続税評価額は〔図表3-2-12〕の通りです。

[知識を活かす]

　個人所有の土地に、不動産管理会社名義でアパートなどの賃貸建物を建築する場合は、一般的には所轄税務署に無償返還届出書を提出することによって、土地の相続税評価額は自用地価額の80％になります。

　ただし、地代の支払いがない場合や、土地の固定資産税などの公租公課相当額以下の場合は使用貸借となるため、土地の評価額は自用地価額の100％となります。このような場合は、通常の地代（通常の賃貸借契約に基づいて支払われる地代の年額）を支払うとよいでしょう。

3章　税金対策

なお、〔図表 3-2-12〕②、③の場合、不動産管理会社などの同族会社の株式を純資産価額によって評価をする際に、自用地価額×20％分を資産として計上しなければなりません。また、その際、相続開始前 3 年内に建物を取得した場合は、建物の評価は固定資産税評価額ではなく、通常の取引価格となります。

〔図表 3-2-10〕　相当地代方式

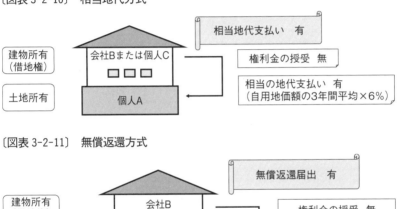

〔図表 3-2-11〕　無償返還方式

〔図表 3-2-12〕　土地の貸借形態と借地権・貸宅地の相続税評価額

	借地権の評価額 （純資産価額）	貸宅地の評価額
①使用貸借	0（個人C）	自用地価額×100％（個人A）
②相当の地代	自用地価額×20％（会社B）	自用地価額× 80％（個人A）
③無償返還届出	自用地価額×20％（会社B）	自用地価額× 80％（個人A）

2．不動産の保有 《②不動産賃貸の手法》
⑤　前払地代方式（定期借地権）

[基礎知識]

　土地所有者は、土地を売却するかわりに、定期借地権（2-4-❷-③参照）で貸すことによって権利金や保証金などの一時金を受け取ることもできます。しかし、保証金は契約期間満了後に返還しなければならず、権利金は累進課税によって一時に課税されるという問題がありました。

　そこで、**定期借地権の一時金を一定の契約に基づき賃料の前払いとして一括で授受する場合は、借地人、土地所有者それぞれについて、期間に応じた費用化、収益計上が可能になりました**〔図表 3-2-13〕。つまり、土地所有者は受け取った一時金のうち、毎年1年分の地代だけに課税されることになります。例えば、50年契約で1億円の前払地代を受け取った場合は、毎年200万円ずつ収益として課税されることになります。

[知識を活かす]

　前払地代方式には以下のような活用方法があります。なお、税務上、前払地代方式として扱われるためには、一定の契約が必要になりますので、税理士などの専門家に相談したほうがよいでしょう。

〔図表 3-2-13〕　一時金の取扱い

	権利金	賃料の前払いとしての一時金
利用者（借地人）	減価償却できず（契約終了時に全額特別損失扱い）	期間に応じて費用化
所有者（土地所有者）	一時に課税（個人の場合、累進課税扱い）	期間に応じて収益計上

3章　税金対策

① 借入金返済原資

　相続対策などによる土地の有効活用のため多額の借入金がある土地所有者にとって、**土地を売却せずに、前払地代方式の定期借地権で土地を貸して前払地代を受け取れば、借入金返済原資とすることができ**ます。借入金を返済することによって、キャッシュフローなどの事業採算性は大幅に向上します。

② 相続税納税原資

　金融資産だけでは相続税の納税資金が足りない土地所有者は、基本的には土地を売るか物納することになります。しかし、物納は簡単には認めてもらえませんし、売却も含めて土地を手放すことに抵抗感がある人が多いと思います。そこで、**相続税納税資金として前払地代をプールしておくことができます。**

③ 代償分割など遺産分割資金

　財産のほとんどが土地や建物などの不動産の場合、遺産分割が難しくなります。そこで、**土地所有者や相続人が前払地代をプールすることによって、代償分割などが実行しやすくなります**（4-1-②参照）。

④ 賃貸建物建築資金

　土地を前払地代方式の定期借地権で貸して、その資金で他の土地にアパートなどの賃貸建物を建てることができます。借入れをしなければ、事業採算は格段によくなります。

　また、**定期借地権で貸した土地上の建物の一部を取得することによって、等価交換とほぼ同様の効果を得ることもできます**。なお、等価交換と違い契約期間終了後には土地は返還されますし、買換特例を適用しないため、建物の減価償却を通常通り行うことができます（3-3-④参照）。

3．不動産の譲渡

① 不動産譲渡税

基礎知識

　土地建物等の譲渡では、売買価格ではなく、所得（利益）に対して課税されます。なお、一定の居住用財産や収用などの場合には特別控除などの特例があります。

〇譲渡所得

　　譲渡収入金額－（取得費（注）＋譲渡費用）

　土地建物等の譲渡所得の税額は、他の所得と分離して計算します。

　（注）　取得費がわからないときなどの場合は、譲渡収入金額（売却代金）の5％（概算取得費）

〇長期譲渡（譲渡年の1月1日現在における所有期間が5年超）

　　課税長期譲渡所得金額×20％（所得税15％、住民税5％）

〇短期譲渡（譲渡年の1月1日現在における所有期間が5年以下）

　　課税短期譲渡所得金額×39％（所得税30％、住民税9％）

知識を活かす

　不動産を売却すると税金でほとんど取られてしまうと勘違いしている人も多いのですが、実はそうではありません。

　不動産譲渡の税率は、以前は長期譲渡でも最高税率39％という時期があり、短期譲渡であれば50％を超える税率になることもありました。しかし、**現在は、長期譲渡の税率は、所得税と住民税を合わせて原則一律20％で、近年では一番低くなっています**〔図表3-3-1〕。この税金は他の所得と分離して課され、税率も金額にかかわらず一定です。

3章 税金対策

また、相続財産を一定期間内に売却すると、譲渡税が安くなる特例(相続税の取得費加算の特例)もあります(3-3-②参照)。

不動産は地価が上昇しない限り、毎年固定資産税や維持・管理経費がかかったりすることによって、実質的には目減りしています。そこで、相続税などの納税資金が足りない場合はもちろんのこと、そうでない場合も収益性の低い不動産は、売却や高収益不動産への買換えなどの資産の組換えを検討することも必要です。

〔図表3-3-1〕 不動産を売ったときの税率
長期譲渡所得の税率の推移

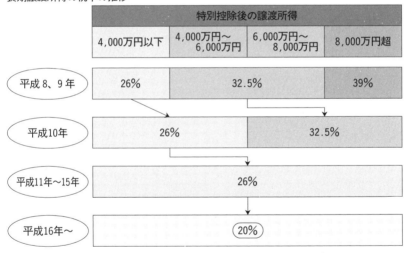

3．不動産の譲渡

② 相続税の取得費加算の特例

[基礎知識]

相続等により取得した財産を、相続開始日の翌日から相続税の申告期限の翌日以後3年以内に譲渡した場合、その資産の本来の取得費に、その者に課された相続税額のうち、譲渡した資産に対応する部分の金額として、次により計算した金額を加算することができます。

$$\text{取得費に加算する相続税額} = \text{その者の相続税額} \times \frac{\text{譲渡資産の相続税の課税価格}}{\text{その者の相続税の課税価格（債務控除前）}}$$

なお、平成26年12月31日以前の相続等で取得した土地等を譲渡した場合は、以下により計算した金額を取得費に加算することができます。

$$\text{取得費に加算する相続税額} = \text{その者の相続税額} \times \frac{\text{その者が相続した}\underline{\text{すべての土地等}}\text{に係る相続税の課税価格}}{\text{その者の相続税の課税価格（債務控除前）}}$$

[知識を活かす]

土地等を相続した場合の上記の有利な取扱いは、平成27年1月1日以後の相続には適用されないこととなりました。それでも、相続税の支払いなどのために相続開始後3年10カ月以内に相続不動産を譲渡する場合、この特例が適用できれば、取得費に相続税の一部を加算することによって、譲渡所得が減少して譲渡税が少なくなります〔図表3-3-2〕。

3章 税金対策

〔図表3-3-2〕 取得費加算額

前提条件
◆推定相続人：配偶者、子ども1人（計2人） ◆相続財産：土地2億円（1億円×2物件） 　　　　　　その他の財産2億円 ◆以下の通りに相続、配偶者の税額軽減を活用 ◆子どもが土地1物件を1億2,500万円で売却、譲渡費用は考慮しない ◆平成27年1月1日以後に相続が発生したと仮定

(単位：万円)

配偶者	土地	10,000
	その他	10,000
	財産計	20,000
	相続税額	0
子ども	土地	10,000
	その他	10,000
	財産計	20,000
	相続税額	5,460
取得費加算額		(2,730)(＝5,460×10,000/20,000)

①取得費加算の特例を適用できない場合

＜売却に係る税金＞
（1億2,500万円－625万円(注)）×20％
＝2,375万円
（注）　概算取得費

②取得費加算の特例を適用できる場合

＜売却に係る税金＞
｛1億2,500万円－（625万円＋2,730万円）｝
×20％
＝1,829万円

3．不動産の譲渡

③　不動産売却の時期

[基礎知識]

相続税の納税のために不動産を処分する方法には、①生前に売却、②物納、③相続後の売却があります〔図表3-3-3〕。

[知識を活かす]

財産の大半が不動産であり、金融資産が推定相続税額に大幅に不足している場合は、そのうちいずれかの不動産を売却または物納しなければならなくなります。そこで、相続人が困ることのないように、①生前に売却、

〔図表3-3-3〕　不動産処分の時期

	生前に売却	物　　納	相続後の売却
譲渡（物納）時の評価	時価	相続税課税価格（小規模宅地等の特例適用後）	時価
譲渡益課税	課税される	課税されない	課税される
メリット	●相続税納税資金対策として有効 ●遺産分割・生前贈与が容易になる ●売却に有利な時期（地価・税制等）を選択できる	●譲渡税がかからない	●相続開始後3年10カ月以内に相続財産を譲渡した場合、相続税の取得費加算の特例による譲渡税減少効果あり（3章3②参照）
デメリット	●財産評価引下げ効果が少ない	●一定の要件を満たす必要あり（認められないケースあり） ●物納手続等に手間を要する ●不動産保有に伴う固定資産税等の負担あり	●10カ月以内に売却できない場合は借入・延納の必要あり（利子等の負担、地価下落リスクあり） ●売急ぎによる売却価格低下懸念あり ●不動産保有に伴う固定資産税等の負担あり

②物納、③相続後の売却、を比較・検討した上で、事前に対策を講じておく必要があります。

その際の判断のポイントの1つが売却価格です。特に、相続開始後一定の期間内に売ろうとすると、「売急ぎ」により、相場より低い価格でしか売れない場合が多くあります。逆に、どうしても買いたい人が現れれば、相場より高く売れることもあります。売却価格によっては、物納よりも譲渡税を支払って売却したほうが有利になります〔図表3-3-4〕。

また、収益を生んでいない不動産は固定資産税などの費用負担がかかり、地価動向によっては値下がりすることもあるため、すぐに売る必要がなくても生前に売却することも1つの選択肢です。

いずれにしても、相続後に遺産分割でもめてしまうと物納することも売却することもできなくなってしまいますので、財産の分け方なども考えておく必要があります。

〔図表3-3-4〕 物納と売却の比較

前提条件
◆不動産（相続税評価額：8,000万円、取得費：売却金額の5％、長期所有）、譲渡費用：なし ◆納付すべき相続税額：8,000万円 ◆相続税の取得費加算の特例は適用しない

①不動産を物納した場合
＜手取額＞ 8,000万円(注1)－8,000万円(注2)＝ 0円 （注1）物納物件の相続税評価額、（注2）相続税額

②不動産を8,000万円で売却した場合
＜手取額＞ 8,000万円(注1)－1,520万(注2)－8,000万円(注3)＝ △1,520万円 （注1）売却金額、（注2）譲渡税（8,000万円－400万円）×20％、（注3）相続税額

③不動産を1億2,000万円で売却した場合
＜手取額＞ 1億2,000万円(注1)－2,280万円(注2)－8,000万円(注3)＝ 1,720万円 （注1）売却金額、（注2）譲渡税(1億2,000万円－600万円)×20％、（注3）相続税額

3. 不動産の譲渡
④ 特定事業用資産の買換特例

[基礎知識]

個人が一定の期限までに、特定の事業用資産を譲渡し、原則として、その譲渡の年およびその前年または翌年末までに特定の事業用資産を取得し、取得後1年以内に事業の用に供した場合、買換特例の適用を受けることができます。

例えば、所有期間が10年を超える国内にある土地、建物等を譲渡して、国内にある一定の土地、建物、機械等に買い換えた場合などです（平成26年12月31日までに譲渡したものに限る）。

この特例を適用した場合の譲渡所得の計算方法は以下の通りです。

① 収入金額＝譲渡資産の譲渡価額－譲渡資産の譲渡価額と買換資産の取得価額の低いほうの金額×80％

② 取得費＋譲渡費用＝（譲渡資産の取得費＋譲渡費用）×$\frac{収入金額}{譲渡資産の譲渡価額}$

③ 譲渡所得＝①－②

この特例を適用すると、譲渡資産の譲渡価格のうち買換資産の取得価格の80％相当分はなかったものとされますが、この特例の適用により取得した買換資産については、譲渡資産の取得費などを引き継ぎます。

[知識を活かす]

買換特例を活用すると、譲渡資産を売却したときの税金は少なくなりますが、買換資産の取得費が少なくなるため、将来売却する際の譲渡所得が増えてしまいます。つまり、課税が将来に繰り延べられるものであって、

課税が免除されるわけではありません。

さらに、**買換特例を適用すると、かえって税金が高くなるというケースもあります**〔図表3-3-5〕。なぜならば、買換資産を賃貸する際の減価償却費が少なくなるため不動産所得が多くなり、賃料収入などの不動産所得は他の所得と合算して課税され、税率も累進税率で最高約50％になるからです。一方、不動産を売却したときの譲渡所得は他の所得とは別に課税され、税率も所得税と住民税を合わせて一律20％（長期譲渡）です（3-3-①参照）。

さらに、不動産の買換えでは、不動産の購入にかかる税金（不動産取得税、登録免許税等）や各種の費用（司法書士費用等）がかかりますので、注意が必要です。

〔図表3-3-5〕 買換特例の活用

前提条件
◆売却不動産：土地、売却金額：1億円、取得費（概算取得費）：500万円（1億円×5％）、譲渡費用：なし、長期所有
◆購入不動産：建物、購入金額：1億円、償却方法：定額法、耐用年数：50年
◆売却に係る税率：20％、賃料収入に係る実効税率：50％
◆買換特例の課税繰延割合：100％(注)

①買換特例を活用せず

＜売却に係る税金＞
（1億円－500万円）×20％(注)
＝ 1,900万円
（注） 売却に係る税率

②買換特例を活用

＜売却に係る税金＞
（1億円－1億円）×20％＝ 0円

＜賃料収入に係る増加税金＞
（200万円(注1)－10万円(注2)）×50％(注3)
×50年＝ 4,750万円
（注1） 本来の減価償却費：1億円÷50年
（注2） 買換特例適用時の減価償却費500万円÷50年（売却不動産の取得費を引き継ぐ）
（注3） 賃料収入に係る税率

（注） 買換特例の課税繰延割合は80％だが、説明を簡略化するために100％とする。

3．不動産の譲渡
⑤　固定資産の交換特例

[基礎知識]

個人が資産の交換をした場合は、原則、取得した資産の時価により譲渡があったものとして、所得税が課されます。しかし、〔図表3-3-6〕の要件を満たす固定資産の交換をした場合は、その譲渡はなかったものとして、課税が繰り延べられます。

固定資産の交換の譲渡所得の金額の計算方法は、以下の通りです。

〇交換差金等がない場合、交換差金を支払った場合

　　譲渡がなかったものとして課税なし

〇交換差金を受け取った場合

譲渡所得＝収入金額$^{(注1)}$－（取得費＋譲渡費用）$^{(注2)}$
(注1)　交換差金等＝交換譲渡資産の時価－交換取得資産の時価
(注2)　$\left[\begin{array}{c}\text{交換譲渡資産}\\\text{の取得費}\end{array}＋譲渡費用\right]\times\dfrac{\text{交換差金等}}{\text{交換取得資産の時価}＋\text{交換差金等}}$

〔図表3-3-6〕　固定資産の交換特例の要件

	交換譲渡資産	交換取得資産
固定資産	固定資産である	
所有期間等	1年以上所有している	1年以上所有しており、交換のために取得したものでない
同種の資産	同じ種類の資産の交換である	
同一の用途	－	譲渡資産の交換前と同じ用途に供する
価額制限	交換取得資産の時価と交換譲渡資産の時価の差額が、いずれか高いほうの価額の20％相当額以内	

3章　税金対策

知識を活かす

　この特例を活用すれば、譲渡税の負担をせず、共有地や貸宅地（底地）を整理することができます（2-5-①、③参照）。

　例えば、貸宅地の整理をするために、甲（借地権者）の借地権の一部分（①）と乙（貸宅地所有者）の貸宅地の一部分（②）を交換することによって、甲、乙ともに完全所有権の土地を取得することができます〔図表3-3-7〕。

　ただし、土地等の交換には登録免許税や不動産取得税等の移転コストが生じますので、注意が必要です。

〔図表3-3-7〕　貸宅地の整理

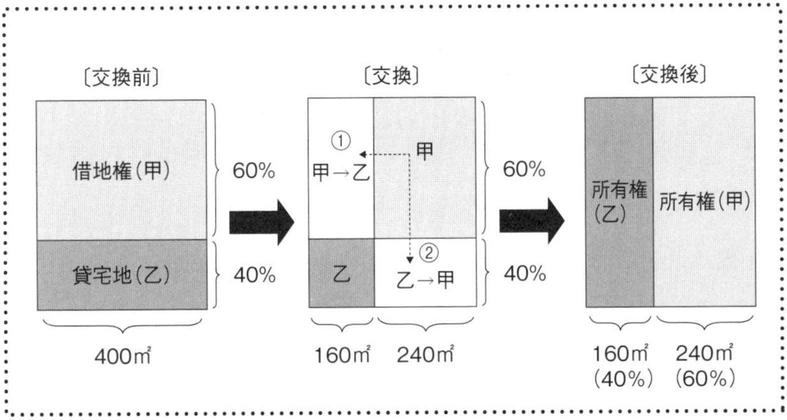

[交換前]
借地権（甲）60%
貸宅地（乙）40%
400㎡

[交換]
甲→乙 ①
乙→甲 ②
60% / 40%
160㎡　240㎡

[交換後]
所有権（乙）／所有権（甲）
160㎡（40%）　240㎡（60%）

3．不動産の譲渡
⑥　不動産M＆A

[基礎知識]

　不動産の売却方法の1つとして、不動産M＆Aという方法があります。この方法は、不動産を個人ではなく不動産管理会社など法人で所有している場合に活用できます。つまり、**不動産を現物で売却するのではなく、不動産を所有している会社ごと株式として売却するのです**。

　この方法のメリットは、個人売主の最終的な手取額が多くなる可能性があるということです〔**図表3-3-8**〕。

　法人が所有している不動産を売却する場合、最終的に株主である個人が売却代金を手にするまでに税金が2回かかります。まず、法人が不動産を売却したときの利益に法人税等（約40％）がかかります。そして、その利益を株主である個人に配当するときに、配当所得に対して所得税等（最高税率約50％）がかかります。

　一方、不動産を所有している会社ごと売却すれば、個人株主が非上場株式を売却することになるため、譲渡所得に所得税等（20％）がかかるだけです。

[知識を活かす]

　売却金額が同じであれば、不動産M＆Aのほうが不動産を現物で売却するよりも、個人株主の手取額が大幅に増加します。

　ただし、この方法にはさまざまな問題があります。買主が欲しいのは不動産であって会社ではありません。そのため、その法人が不動産の所有・賃貸以外の事業を行っている場合は、注意が必要です。また、その法人が

〔図表3-3-8〕 土地売買と不動産M＆A

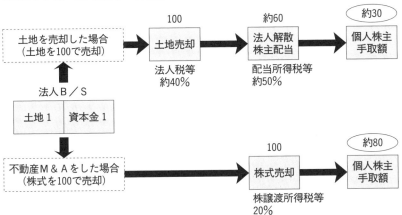

(注) イメージ図であり、正確な表現・金額ではありません。

　多数の不動産を所有している場合、買主が必要としない不動産をどのようにするかも検討しなければなりません。さらに、簿外負債（決算書に載っていない債務）などのリスクもあります。
　このように、不動産M＆Aは売主にとってはメリットが大きい半面、買主にとってはリスクが大きい方法です。そこで、通常、株式の売買価格は不動産そのものの価格より安くなることが多いようです。

4．税制改正
① 税制改正リスク

基礎知識

税制は常に変わっています。法律はもとより、政令・省令・通達など常に最新のものを調べ、それに基づき判断する必要があります。

特に大きな税制改正として、年度ごとの改正があります。なお、例年、年末ぐらいに与党や財務省から税制改正の概要である税制改正大綱が発表されますが、税制改正法案が国会で成立するまでは確定ではないことに注意する必要があります。

そして、**相続税対策などを検討するにあたって一番重要なポイントは、相続税は相続時の税制に従うということです。対策を講じたときの税制と、相続時の税制が異なる可能性は十分あります**。特に、相続税は所得税などと違い、通常は対策を講じてから相続まで長い年月が経過するため、その可能性は高くなります。

知識を活かす

相続税の軽減効果のある対策が、税制改正によってその効果が小さくなってしまうということは、今までにもよくありました〔図表3-4-1〕。

そこで、対策を検討するにあたっては、現在の税制上は有効な対策であっても、税制改正によってその効果がなくなったり、弱まったり、逆効果になる可能性もあるということを念頭におく必要があります。特に不動産がらみの対策は、対策に費用がかかり、簡単に元に戻すことが難しいので、慎重に検討しなければなりません。

そのため、相続対策や不動産対策は「相続税の軽減」ではなく、それ以

3章　税金対策

外の目的を優先して行うことが重要になります。

また、平成25年度税制改正で相続税・贈与税が改正され、今後も変更される可能性がありますので、常に最新の情報を入手して、適宜、相続対策を見直す必要があります（3-4-②、③参照）。

〔図表3-4-1〕　税制改正の例

土地・建物を取得する方法
- 土地・建物の相続税評価額は時価よりも低い場合が多いため、借入金などで土地・建物を取得すると、相続税評価額が引き下げられる。

- 昭和63年12月31日以後の相続について、相続開始前3年以内に被相続人が取得した土地・建物については、路線価等ではなく取得価額で評価する。
（平成8年1月1日以後の相続について、上記取扱いは廃止された。）

養子により法定相続人を増やす方法
- 養子により法定相続人を増やすことで、相続税の基礎控除額が増加し、かつ適用税率が低くなる。

- 昭和63年12月31日以後の相続について、相続税計算上の法定相続人に含まれる養子の数は、実子がいる場合は1人、いない場合は2人に制限された（3-1-❶-②参照）。

居住用兼賃貸マンションを建築して小規模宅地等の特例を活用する方法
- 一棟の建物の敷地の一部に特定居住用宅地等に該当する部分がある場合、その敷地のうち賃貸用部分の敷地も特定居住用宅地等として、最大240m²まで80％評価減の適用が受けられた。

- 平成22年4月1日以後の相続については、利用区分ごとに判定することとされ、賃貸用部分の敷地は貸付を継続した場合に限り最大200m²まで50％評価減の対象となった。

4．税制改正

② 平成25年度税制改正（相続税）

基礎知識

相続税の主な改正項目は以下の通りです〔図表 3-4-2〕(3-1-❶-①、3-1-❸-②、3-1-❹-②、参考知識11参照)。

① **相続税の基礎控除の引き下げ**

相続税の基礎控除（非課税枠）が引き下げられます。

② **相続税の税率構造の見直し**

相続税の最高税率などが引き上げられます（50％→55％）。

③ **小規模宅地等の特例の見直し**

特定居住用宅地等の適用対象面積が引き上げられます。

知識を活かす

相続税の改正の影響は以下の通りです。

① **相続税がかからなかった人もかかるようになる**

相続税の非課税枠が少なくなるため、今までは相続税がかからなかった人でもかかるようになることがあります。

例えば、相続人が配偶者と子ども2人の場合、今までは相続財産が8,000万円までは相続税はかかりませんでしたが、税制改正後は4,800万円より多ければ税金を支払わなければならなくなるかもしれません。

② **相続税がかかる人は税金が増える**

相続税がかかる人は、税制改正により税金がさらに増える可能性があります。最高税率の引き上げだけでなく非課税枠が少なくなるため、最高税率が適用されない人でも税金が多くなります。

〔図表 3-4-2〕 相続税の改正（主な項目）
①相続税の基礎控除

	平成26年12月31日以前の相続	平成27年1月1日以後の相続
定額控除	5,000万円	3,000万円
法定相続人比例控除	1,000万円に法定相続人数を乗じた金額	600万円に法定相続人数を乗じた金額

②相続税の税率

平成26年12月31日以前の相続			平成27年1月1日以後の相続		
法定相続分に応ずる取得金額	税率	控除額	法定相続分に応ずる取得金額	税率	控除額
1,000万円以下	10%	—	1,000万円以下	10%	—
1,000万円超 3,000万円以下	15%	50万円	1,000万円超 3,000万円以下	15%	50万円
3,000万円超 5,000万円以下	20%	200万円	3,000万円超 5,000万円以下	20%	200万円
5,000万円超 1億円以下	30%	700万円	5,000万円超 1億円以下	30%	700万円
1億円超 3億円以下	40%	1,700万円	1億円超 2億円以下	40%	1,700万円
			2億円超 3億円以下	45%	2,700万円
3億円超	50%	4,700万円	3億円超 6億円以下	50%	4,200万円
			6億円超	55%	7,200万円

③小規模宅地等（特定居住用宅地等）の特例

	平成26年12月31日以前の相続	平成27年1月1日以後の相続
適用対象面積	240m²	330m²

④相続税の延納の利子税
　平成26年1月1日以後の期間に対応する利子税について、新たな割合が適用される。

4．税制改正

③　平成25年度税制改正（贈与税）

基礎知識

贈与税の主な改正項目は以下の通りです（3-1-❶-③、④参照）。

① 　贈与税の税率構造の見直し

　　贈与税の最高税率が引き上げになる一方（50％→55％）、20歳以上の子や孫への贈与における税率などが緩和されます〔**図表3-4-3**〕。

② 　相続時精算課税制度の適用要件の見直し

　　相続時精算課税制度の適用対象者の範囲が拡大されます。

	平成26年12月31日以前の贈与	平成27年1月1日以後の贈与
贈　与　者	65歳以上の者	60歳以上の者
受　贈　者	20歳以上の子	20歳以上の子および孫

③ 　教育資金の一括贈与に係る贈与税の非課税制度の創設

　　平成25年4月1日から平成27年12月31日までに、信託銀行に信託等することによって、30歳未満の子や孫などに対する教育資金を一括贈与した場合、子・孫ごとに1,500万円（そのうち学校等以外への支払いは500万円）まで贈与税が非課税になります。

知識を活かす

　平成25年度税制改正では、原則として相続税は増税、贈与税は減税になります。相続税対策のためには、贈与を計画的に活用することが重要です。

3章　税金対策

〔図表3-4-3〕　贈与税の税率
①20歳以上の者が直系尊属から受ける贈与

平成26年12月31日以前の贈与			平成27年1月1日以後の贈与		
基礎控除後の課税価格	税率	控除額	基礎控除後の課税価格	税率	控除額
200万円以下	10%	—	200万円以下	10%	—
200万円超　300万円以下	15%	10万円	200万円超　400万円以下	15%	10万円
300万円超　400万円以下	20%	25万円			
400万円超　600万円以下	30%	65万円	400万円超　600万円以下	20%	30万円
600万円超1,000万円以下	40%	125万円	600万円超1,000万円以下	30%	90万円
1,000万円超	50%	225万円	1,000万円超1,500万円以下	40%	190万円
			1,500万円超3,000万円以下	45%	265万円
			3,000万円超4,500万円以下	50%	415万円
			4,500万円超	55%	640万円

②上記以外の贈与

平成26年12月31日以前の贈与			平成27年1月1日以後の贈与		
基礎控除後の課税価格	税率	控除額	基礎控除後の課税価格	税率	控除額
200万円以下	10%	—	200万円以下	10%	—
200万円超　300万円以下	15%	10万円	200万円超　300万円以下	15%	10万円
300万円超　400万円以下	20%	25万円	300万円超　400万円以下	20%	25万円
400万円超　600万円以下	30%	65万円	400万円超　600万円以下	30%	65万円
600万円超1,000万円以下	40%	125万円	600万円超1,000万円以下	40%	125万円
1,000万円超	50%	225万円	1,000万円超1,500万円以下	45%	175万円
			1,500万円超3,000万円以下	50%	250万円
			3,000万円超	55%	400万円

参考知識11 相続税額早見表（概算）

おおよその財産額がわかれば、下記の早見表により、相続税額の概算がわかります。なお、法定相続人が配偶者と子ども2人の場合、一次相続税額は「配偶者と子2人」、二次相続税額（本人の相続発生後、配偶者の相続が発生した場合）は「子2人」の欄を見ます。

〔図表〕 相続税額早見表（例）

（単位：万円）

課税価格の合計額	相続開始時期	法定相続人					
		配偶者と子1人	子1人	配偶者と子2人	子2人	配偶者と子3人	子3人
1億円	平成26年12月31日まで	175	600	100	350	50	200
	平成27年1月1日から	385	1,220	315	770	263	630
3億円	平成26年12月31日まで	2,900	7,900	2,300	5,800	2,000	4,500
	平成27年1月1日から	3,460	9,180	2,860	6,920	2,540	5,460
5億円	平成26年12月31日まで	6,900	17,300	5,850	13,800	5,275	11,700
	平成27年1月1日から	7,605	19,000	6,555	15,210	5,963	12,980
10億円	平成26年12月31日まで	18,550	42,300	16,650	37,100	15,575	31,900
	平成27年1月1日から	19,750	45,820	17,810	39,500	16,635	35,000

（注1） 課税価格の合計額は基礎控除額の差引前の金額です。
（注2） 相続人が法定相続割合に応じて相続したものとして、配偶者の税額軽減のみを適用しています。
（注3） 子どもはいずれも成人で、孫の養子縁組はないものとしています。

4章

分割対策

1．相続と遺産分割

① 法定相続人と法定相続分

|基礎知識|

　民法では、法定相続人と法定相続分が決められています〔図表4-1-1〕。配偶者は常に相続人となり、配偶者以外では、第1順位が子や孫、第2順位が父母や祖父母、第3順位が兄弟姉妹やおい・めいです。先順位の人がいないときだけ、後順位の人が相続人となります。

　法定相続分は、法定相続人が誰になるかによって異なります。

① **配偶者と子の場合**

　　配偶者は2分の1、子は全員で2分の1です。

② **配偶者と父母の場合**

　　配偶者は3分の2、父母は3分の1です。

③ **配偶者と兄弟姉妹の場合**

　　配偶者は4分の3、兄弟姉妹は4分の1です。

|知識を活かす|

　このように、法律で法定相続人と法定相続分は決まっていますが、誰がどの財産を相続するかは決まっていません。通常は、法定相続分を基準として、法定相続人全員の話合いによって決めることになりますが、法定相続人全員が合意すれば、どのように分けてもかまいません。しかし、この相続人全員の合意が難しいのです。

　相続人同士が遠くに住んでおり、仕事などの関係で忙しいといった場合は、集まって話し合うだけでも大変です。また、被相続人の財産を全部調べるだけでもかなりの時間がかかります。そして、不動産などは評価や分

4章　分割対策

〔図表4-1-1〕　法定相続人と法定相続分

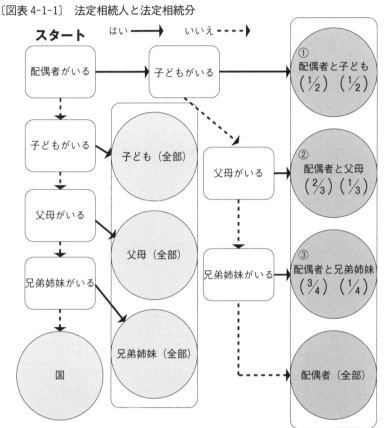

（注1）　子どもや兄弟姉妹が先に死亡した場合は孫やおい・めいが相続人になります。
（注2）　相続人がいなくても特別縁故者（被相続人と生計を同じくしていた者や被相続人の療養看護に努めた者等）がいれば所定の手続きを経てその者が優先的に財産を引き継ぎます。

割が難しいため、完全に平等に分けることは困難です。

　そのため、仲の良い家族等であっても、このような話合いはなかなかまとまらず、後味が悪いものになりがちです。遺言があれば、そのような話合いをする必要はありません。

1. 相続と遺産分割

② 不動産の分割方法

基礎知識

主な不動産の分割方法には以下の4つがあります〔**図表 4-1-2**〕。

① **現物分割**

不動産そのものを物理的に分割する方法です。

② **換価分割**

不動産を売って、売却代金を分割する方法です。

③ **代償分割**

不動産を相続した人が、他の相続人に金銭などを支払う方法です。

④ **共有**

不動産を共有持分の割合に応じて所有する方法です。

〔図表 4-1-2〕 主な不動産の分割方法

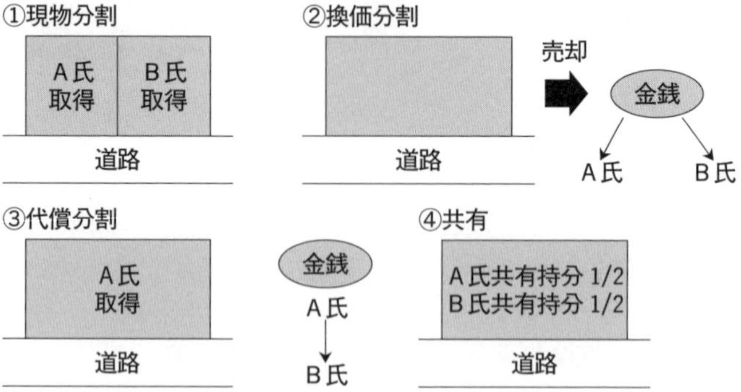

4章　分割対策

> 知識を活かす

　不動産は金融資産と違い、分割することが難しいため、相続が起こると問題が起こりがちです。また、相続税の評価額、鑑定評価額、実際の売却金額が大きく異なる場合もあるため、平等に分けるというのはなかなか難しいものです。

　一般に不動産を分けるには、〔図表 4-1-2〕の通り、4つの方法があります。通常、自宅などの不動産は現物分割が難しく、また、不動産が複数あっても平等にはなりにくく、さらに換価分割も住んでいる人が困ってしまうため避けたいところです。そのため、平等かつ簡単に分けることができる共有を選択するケースが多くなります。

　しかし、**不動産を共有で相続すると、後々さまざまな問題が発生します。**例えば、共有者に資金が必要になっても、一般的には不動産の共有持分だけでは売ることができないため、他の共有者に買い取ってもらうか、一緒に売ってもらうしかありません。

　さらに、兄弟姉妹が共有で相続した後、その兄弟姉妹が亡くなると、その子ども、つまりいとこ同士の共有となってしまいます。こういう人たちは普段会うことがほとんどないため、話し合うことさえ難しく、売りたくても売れない、建て替えたくても建て替えられないという事態にもなりかねません。

　このような事態を避けるためにも、相続財産の金額に多少の違いがあっても、兄弟姉妹で不動産を共有することはなるべく避け、場合によっては代償分割などの方法を組み合わせるとよいでしょう。

1．相続と遺産分割
③　寄与分、特別受益

[基礎知識]

＜寄与分〔図表4-1-3〕＞

　相続人が被相続人の事業を手伝ったり、病気の看護をしたりして、被相続人の財産を維持、もしくは財産を増やすことに特別の貢献をした場合、その貢献の度合いに応じて、法定相続分とは別に財産をもらうことができます。これを寄与分といいます。

＜特別受益〔図表4-1-4〕＞

　相続人が被相続人から結婚や生活のために多額の資金援助を受けたり、遺言で贈与（遺贈）を受けたりすることを特別受益といいます。

[知識を活かす]

　[基礎知識]の通り、**民法では介護や生前贈与があった場合の財産の分け方について決められています。しかし、実際に相続が発生すると、その通りに財産を分けるのは簡単ではありません。**

　なぜなら、介護をすればすべて寄与分として認められるわけではなく、すべての贈与が特別受益になるわけではないのです。また、寄与分として認められても、その評価でもめることもよくあります。特別受益も、誰が、いつ、どれだけ、生前贈与を受けたか、すべての金額を把握できません。

　そのため、介護をしたときや贈与を受けたときに問題にならなかったことも、相続のときにトラブルになることが多くあります。そこで、このようなことにならないためにも、介護や生前贈与などの事情に配慮した遺言があるとよいでしょう。

4章　分割対策

〔図表4-1-3〕「寄与分」がある場合の計算方法

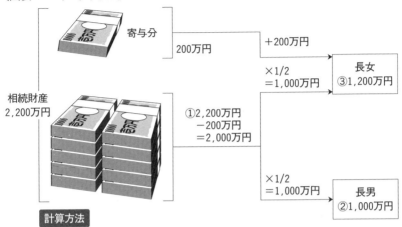

計算方法
①相続財産から寄与分を差し引く
　2,200万円－200万円＝2,000万円
②残りを法定相続人で分ける
　2,000万円×1/2＝1,000万円→長男
③寄与分が認められた人の相続額に寄与分を加える
　1,000万円＋200万円＝1,200万円→長女

〔図表4-1-4〕「特別受益」がある場合の計算方法

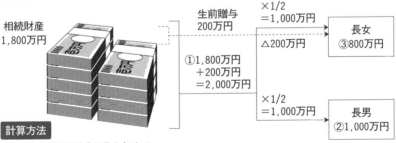

計算方法
①相続財産に特別受益分を加える
　1,800万円＋200万円＝2,000万円
②その金額を法定相続人で分ける
　2,000万円×1/2＝1,000万円→長男
③特別受益を受けた人の相続額から特別受益分を差し引く
　1,000万円－200万円＝800万円→長女

205

1. 相続と遺産分割

④ 単純承認、限定承認、相続放棄

基礎知識

＜単純承認〔図表 4-1-5〕＞

相続人が被相続人のすべての権利や義務を無制限・無条件に引き継ぐことです。特に手続きは必要ありません。

＜限定承認〔図表 4-1-5〕＞

相続によって得た財産の限度においてのみ、借金などの債務を支払うことです。相続開始があったことを知ったときから3カ月以内に、相続人全員で家庭裁判所に申し出る必要があります。

＜相続放棄〔図表 4-1-5〕＞

相続人が相続財産に属するすべての権利や義務を放棄することです。相続開始があったことを知ったときから3カ月以内に、家庭裁判所に申し出る必要があります（相続人は単独でできます）。

〔図表 4-1-5〕 単純承認、限定承認、相続放棄

	単純承認	限定承認	相続放棄
概要	すべての財産と借金などの債務を引き継ぐ	相続によって得た財産の範囲内で借金などの債務を引き継ぐ	財産も借金などの債務もすべて引き継がない
手続きの期限	なし	相続開始があったことを知ったときから3カ月以内	相続開始があったことを知ったときから3カ月以内
手続きの方法	特になし	家庭裁判所に申し立てる（相続人全員で行う）	家庭裁判所に申し立てる（1人でもできる）

4章　分割対策

> 知識を活かす

　単純承認は特に手続きをする必要はありませんが、財産を一部でも売ったり、担保に入れたりすると、単純承認したとみなされ、他の手続きをすることができません。

　限定承認と相続放棄をするためには、相続開始があったことを知ったときから3カ月以内に家庭裁判所に申し出なければなりません。しかし、被相続人の全財産や借金の額などを、葬儀や法要などが続く時期に3カ月以内に調べることはとても大変です。

　そのため、実際には**正式な相続放棄の手続きをとらずに遺産分割協議書を作り、財産を受け取らないということもよく行われます**。この場合、財産は相続しませんが、原則、借入金などの債務は法定相続分に応じて引き継いでしまうことになりますので注意が必要です。

　そのようなことにならないように、正式な相続放棄の手続きをとるか、法定相続人や、銀行などの債権者との間で、誰が債務を引き受けるのかをあらかじめ決めておく必要があります。

1．相続と遺産分割
⑤　相続発生後の手続き

基礎知識

相続が発生すると、財産に関するさまざまな手続きをしなければなりません。

まず、誰がどの財産を引き継ぐかを法定相続人全員の話合いで決めるため、遺産分割協議をします。しかしその前に、法定相続人全員を確定し、全財産の調査をしておかなくてはなりません。

財産の分け方が決まったら、その結果を書類に残しておきます。これを遺産分割協議書といいます〔図表4-1-6〕。遺産分割協議書には全員が署名し、一般的に実印で押印します。

そして、財産の名義変更などの手続きをします。この手続きをしないと、預貯金は使えませんし、不動産は売ったり担保に入れたりすることができません。

知識を活かす

相続発生後の一番面倒な手続きが、財産の名義変更などです。名義変更の手続きは、預貯金、株式、不動産、自動車など財産の種類によって大きく異なります。同じ預貯金でも、金融機関によって書類の書き方や必要な書類が異なる場合もよくあります。

また、**名義変更手続きなどにおいて、法定相続人全員を確定するために、被相続人が生まれてから亡くなるまでのすべての連続した戸籍謄本（戸籍全部事項証明書）等が必要となります。**法律改正や結婚、引越しなどで戸籍が変更されていて、遠くにある複数の役所から何通もの謄本等を取り寄

4章 分割対策

〔図表4-1-6〕 遺産分割協議書（例）

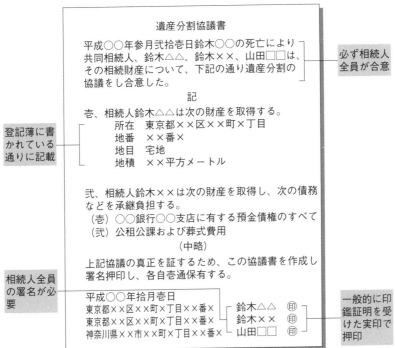

せなければならなくなることがよくあります。そのため、遠方に住んでいたり、仕事で忙しかったりする子どもや、高齢の配偶者などの相続人にとっては大きな負担になります。

このような場合は、弁護士や信託銀行などの専門家に相続手続きを手伝ってもらうことも1つの方法です。また、専門家に遺言執行者になってもらうように記載された遺言があると便利です。

2．遺言

① 遺言の種類

|基礎知識|

遺言には、さまざまな方法がありますが、一般的に利用されているのは、以下の自筆証書遺言と公正証書遺言です。

＜自筆証書遺言＞

遺言する人が、自分自身で遺言内容の全文とその日付および氏名を自筆で書き、押印をして作成する遺言です。

＜公正証書遺言＞

遺言する人が、2人以上の証人の立会いのもと、公証人に作成してもらう遺言です。

|知識を活かす|

自筆証書遺言は、遺言者が自分で書いて押印するだけなので、簡単に作ることができ、費用もほとんどかからず、秘密にすることができます。

しかし、書くときは簡単でも、相続が発生した後が大変です。遺言書を保管・発見した人は、開封せずにそのままの状態で家庭裁判所に持っていかなければなりません。後日、家庭裁判所から呼出しがあり、法定相続人立会いの下で開封し、遺言書の内容を確認します。このような手続きを検認といいます。

なお、検認は、遺言書が隠されたり勝手に変更されたりしないために行うものであり、検認を受けた遺言書でも無効になることがあるため、注意が必要です。また、無効にならなくても、財産の記載もれがあったり、記載内容が明確でなかったため、その解釈でもめてしまうことも多くありま

す。遺言書を紛失してしまったり、遺産を分けた後に見つかったりしてトラブルになることもあります。

一方、公正証書遺言であれば、作成するときに費用と多少面倒な手続きが必要ですが、相続が発生した後は安心です。

公証人という専門家が作成しますので、無効になることはまずありませんし、公証役場に原本が保管されているため、なくなったり、勝手に変更されたりすることもありません。また、検認手続きも必要ないため、すぐに内容を確認して実行することができます。

そのため、遺された家族にとっては、自筆証書遺言よりも公正証書遺言のほうがよいといえます〔図表4-2-1〕。

〔図表4-2-1〕 自筆証書遺言と公正証書遺言の長所と短所

	自筆証書遺言	公正証書遺言
長所	●誰にも知られずに作成できる。 ●費用がほとんどかからない。 ●証人（立会人）が不要。	●検認手続きが不要。 ●内容が明確で証拠力が高い。 ●無効になる可能性が少ない。 ●偽造、変造、紛失の心配がない。
短所	●検認手続きが必要。 ●形式の不備や不明瞭な内容になりがちで、後日問題が起こる可能性がある。 ●偽造、変造、紛失の心配がある。	●費用がかかる。 ●証人（立会人）が2人以上必要。

2．遺言

② 遺留分

基礎知識

＜遺留分〔図表4-2-2〕＞

遺留分とは、一定の相続人が相続によって受け取ることを保証されている相続財産の割合のことです。遺留分を請求することができる人は、子・孫、父母・祖父母、配偶者などであり、兄弟姉妹、おい・めいには遺留分はありません。

遺留分の割合は、父母・祖父母など直系尊属のみが相続人の場合には、相続財産の3分の1で、その他の場合には2分の1です。各相続人の遺留分は、その割合に法定相続分を乗じて算出します。

＜遺留分減殺請求＞

被相続人が生前贈与や遺言によって、相続人の遺留分を侵害した場合、遺留分の権利を持つ人は、生前贈与や遺言によって財産を受け取った人から遺留分を取り戻すことができます。これを遺留分減殺請求といいます。これは、遺留分を侵されたことを知ったときから1年か、相続があってから10年たつと請求できなくなります。

知識を活かす

遺留分をめぐる問題は複雑なため、争いになってしまうことが多くあります。なぜなら、生前贈与財産を含めた遺留分を計算する基礎となる財産の範囲で意見が食い違うことも多く、またその財産の評価が簡単にはできないためです。

遺留分をめぐるトラブルを避けるために、遺留分の放棄という制度があ

〔図表4-2-2〕 遺留分の割合

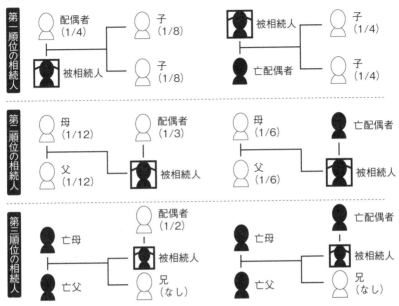

ります。遺留分の放棄は、相続人が相続開始前に家庭裁判所に申立てを行い、許可を得る必要があります。家庭裁判所では、放棄がその人の自由な意思であり、強制されたものではないか、生前に相当な贈与を受けているかなど、相当な理由の有無の確認を受けます。

　なお、**相続人になる予定の人は、本人の意思であっても、相続が発生する前には、相続を放棄することはできません**。仮にそのような契約をしても無効になります。そこで、遺留分の放棄をした上で、遺留分を放棄した人に財産を相続させない遺言があると、生前の相続放棄と同様の効果が生じます。

2. 遺言
③ 遺言の実行

> 基礎知識

　遺言は書くだけでなく、書いた内容がその通りに実行されないと意味がありません。しかし、書いた本人は遺言が実行されるときにはいないため、自分で実行するわけにはいきません。そこで、**遺言を実行する人として遺言執行者を遺言で指定することができます。**

　遺言執行者は必ず指定しなければいけないものではありません。しかし、遺言執行者がいれば遺言通りに実行されますし、相続についてのさまざまな面倒な手続きを法定相続人の代わりにしてもらうことができます。なお、遺言執行者には法定相続人もなることができます。

> 知識を活かす

　遺言には、当然、誰にどの財産を相続させるかということを書きますが、その際、遺言の実行は忘れがちです。**一般的には遺言執行者が指定されていると、遺言の実行をスムーズに行うことができます。**

　しかし、遺言執行者はさまざまな手続きをしなければならないので、慣れない高齢の配偶者や仕事の忙しい子どもなどの相続人には大きな負担になります。このような場合は、専門家に遺言執行者になってもらうように依頼することも検討するとよいでしょう。

　また、遺言の実行にあたって一番重要なことは、遺言を書いた人の意思が遺された家族等に伝わることではないでしょうか。たとえ法律上問題がなく、手続きがスムーズにできたとしても、遺された家族等が財産の配分に納得できず不満を持ち、家族等の仲が悪くなってしまっては意味があり

ません。

特に、自宅などの不動産がある場合は、法定相続割合に応じてきっちりと分けることができないため、問題が発生しやすくなります。

そこで、**遺言に財産の分け方だけでなく、財産を分けた理由や、家族等全員に対する感謝の気持ちが書かれていれば、たとえ財産配分が法定相続割合通りでなくても、みんな納得しやすいと思います。**

〔図表4-2-3〕のような文章を付言事項といい、法律上の効果はありません。しかし、相続人からみると公平な第三者で、財産の所有者でもある本人が、家族全員への愛情と感謝の気持ちを込めて遺言で財産の配分を指定したことが伝われば、きっとみんな理解してくれることでしょう。つまり、遺言は「愛する家族へのラブレター」といえます。

〔図表4-2-3〕 付言事項（例）

> 私は、永年にわたり苦楽を共にし、私に尽くしてくれた妻○○に感謝しています。苦労を共にしながら育ててきた二人の子供も、それぞれ家庭を築き、その幸せな様子を見るにつけ、安心している次第です。
>
> 長男の嫁にも恵まれ、毎日心穏やかに生活できたことに、大変感謝しています。
>
> 私の願いは、家族全員の安泰と家族全員が仲良くしてくれることです。私の亡き後の妻の生活を考えた結果、このような内容となりました。
>
> 長男××には、お母さんのことをよろしくお願いします。
>
> 嫁の□□さんには、当家に来てからというもの、私たち夫婦のわがままなどにいろいろ苦労したと思いますが、いつも感謝していました。今後も妻のことをよろしくお願いいたします。
>
> 長女△△は、少ない財産分けとなりましたが、◇◇さんという良きご主人に恵まれ、幸せな生活を送られていることに感謝し、今後も兄を助け、当家を盛り立ててください。
>
> 終わりに、すばらしい家族に恵まれたことに感謝し、「ありがとう」の言葉を遺します。

参考知識12 遺言の書き方

遺言は、「誰に」「何を」相続させるかということを書くのは当然ですが、財産を配分した理由や家族への感謝の気持ちを書くことも大切です。

また、相続人間でもめる可能性が高まるため、遺留分を侵害しないように記載することも重要になります。ただし、配偶者と兄弟姉妹（おい・めい）しか相続人がいない場合は、兄弟姉妹等には遺留分がありませんので、配偶者に対して「すべての財産を相続させる」という遺言を作成しても遺留分減殺請求をされる心配はありません。

以下に、参考までに自筆証書遺言の記載例を掲載します。

〔図表〕 自筆証書遺言の記載例

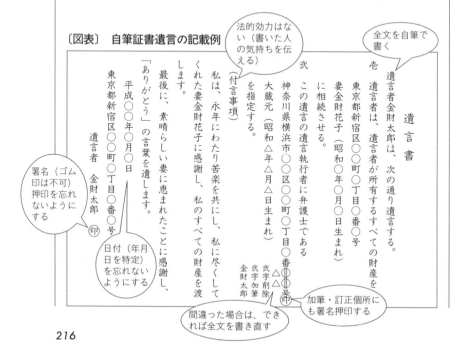

なお、遺言は遺言者の最終意思が尊重されるため、内容の異なる複数の遺言が見つかった場合、それぞれ有効な遺言であったとき、異なる部分は、日付の新しい後の遺言が前の遺言に優先されます。遺言は、①撤回遺言の作成、②内容の異なる遺言の作成、③内容と異なる生前の財産処分、④遺言書の破棄（公正証書遺言以外）、⑤遺言した目的物の破棄等により取り消すことができます。また、同じ遺言の形式で取り消す必要はなく、例えば公正証書遺言の場合、自筆証書遺言で取り消すこともできます。

III

総合事例

総 合 事 例

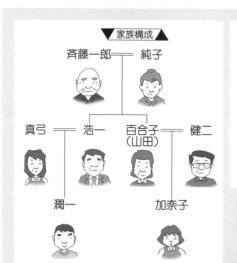

▼所有資産等▲
自宅（土地建物）
遊休地（土地）　　1カ所
アパート（土地建物）5カ所
ハワイコンドミニアム　1カ所
預貯金
有価証券
借入金

　斉藤家（仮名）は大地主というわけではありませんが、不動産を多く所有しています。一郎さんは親から厳しく斉藤家の長男として育てられてきたため、同じように長男の浩一さんにも、先祖代々の土地などの不動産をしっかりと引き継いでいくことが長男の務めであると教えてきました。

　世間からは気楽な大家業にみえますが、実はそうではありません。昔は住宅が不足していたため、アパートを建てれば何もしなくても満室になりましたが、今はそうはいきません。周辺には次々と新しいアパートや賃貸マンションが立ち並び、競争が激しくなっており、すべてハウスメーカーや管理会社任せというわけにはいかないのです。

　そこで、一郎さんは、ハウスメーカーの定期的な修繕計画に基づき、

建物をしっかりメンテナンスするとともに、アパートの外壁を塗り替えるなど、外観にも気を遣うようにしています。また、賃借人からの要望に基づき、古くなった設備の修繕はもちろんのこと、風呂などを新しいものに入れ替えたりしています。管理は不動産会社に任せていますが、自分でも定期的にアパートを見回り、入り口や廊下など共用部分をきれいにしたりして、賃借人が気持ちよく生活できるように心がけています。さらに、気を遣うことは賃料の滞納です。管理している不動産会社と連携して、1日でも遅れた人には連絡をして長期滞納を防いでいます。

そもそもアパートを建てようとしたときは、こんなことになるとは思わず、固定資産税と相続税が安くなるという軽い気持ちで始めました。昔は里山だった所有地が、区画整理をきっかけに急速に宅地化が進み、それに伴い固定資産税が高くなり、また、近所で相続が発生して相続税が払いきれず、土地を手放す人が多くなってきたからです。一郎さんもこのままではとても土地を持ち続けることができないと思い悩んでいたところ、偶然、営業に来たハウスメーカーからの勧めもあり、アパートを次々に建てました。

さまざまな人のアドバイスと一郎さんの努力の甲斐があって、苦労しながらもなんとかアパート経営は順調で、収支も安定的に黒字になっています。そんな一郎さんの新たな悩みごとは相続税です。最近、顧問税理士に相続税を試算してもらったところ、どうも今の金融資産だけでは払えそうにありません。以前、アパートを建てた頃にも試算してもらったことがありましたが、そのときに比べて、地価は下がったのですが、アパートの賃料収入によって借入金の返済も進んでいます。

そこで、駅前の一等地で前面道路も広い角地の遊休地に、さらに借入れをして、容積率をフルに活用して6階建ての賃貸マンションを建築することを考えました。事業収支計画通りであれば、2年目から収支は黒字になり、相続税も大幅に少なくなるはずです。

しかし、この土地は所有地の中では一番良い立地であり、今回の計画は今までのものに比べかなり大規模なものになるため、一郎さんは顧問税理士やハウスメーカーだけでなく、不動産と相続に強い専門家（信託銀行やファイナンシャル・プランナーなど）を紹介してもらい、一緒に検討することにしました。

その際、アドバイスされたことは、この土地の有効活用だけを考えるのではなく、所有資産全体について、3つの相続対策（「円満な遺産分割」「納税資金の準備」「相続税の軽減」）に配慮しつつ、不動産の活用対策、税金対策、分割対策を総合的に検討しなければいけないということでした。そこで、専門家に手伝ってもらい、まずは所有資産全体を把握して相続税の試算を行うとともに、それぞれの所有不動産をしっかりと調査して、時価、収入・支出、面積、用途地域などを記載した所有不動産の一覧表を作成し、土地3分法に基づき、土地の色分けをすることにしました。

まず問題となるのは、やはり相続税です。遊休地に賃貸マンションを建築すれば、相続税は大幅に少なくなりますが、二次相続まで考えると、いずれにしても今の金融資産だけでは払えそうにはありません。その際、自宅など一番大切な不動産を売るような最悪の事態を避けることを最優先に考える必要があることに気がつきました。

そのようなことを踏まえて、遊休地の活用について、定期借地権で

総合事例

の土地の賃貸、事業用定期借地権での物販店舗への賃貸や等価交換など、さまざまな有効活用方法や建物の用途を検討しました。その結果、土地全体に建物を建てるのではなく、土地を2つに分割したうえで、賃貸マンション（区分所有建物）を1棟建築して、残りの部分は当面、時間貸しの駐車場にすることにしました。

賃貸マンション建築にあたっては、取引銀行からのアドバイスで、堅めの見積りによる慎重な事業収支に基づき借入れを行い、預貯金はいざというときのためにとっておきました。また、長男の浩一さんを主要株主とする不動産管理会社を設立して、不動産管理会社名義で建築した場合の効果についても顧問税理士に検討してもらいました。

駐車場部分は、相続などのときにすぐに売却・物納できるように、測量・分筆や境界確定などの準備をしました。土地家屋調査士による測量の際、公図上、敷地の中に国有地があることがわかりました。払下げの手続きには時間と手間がかかりましたが、早めにわかったために無事解決することができました。

とはいえ、なるべくならば、この土地は残したい土地です。そこで、

まずは5棟あるアパートのうち場所が離れていて管理が大変な1〜2棟を売却することにしました。建築年数も古く、旧耐震基準に基づいた建物のため、地震があると不安です。また、維持・管理が不十分で事故があると、所有者責任を問われることもありそうです。

　急いで売るつもりはありませんが、少しリフォームして賃料を上げることができれば利回りが上がり、高い価格で買ってくれる人も現れるかもしれません。リフォーム費用が高くつくようであれば、定期借家契約で当面賃貸した上で、最終的には建物を取り壊して更地にしてから売却することも考えています。その際には、マンションデベロッパーに対して指名競争入札のような形式で売却すれば、タイミングによっては相場より高い金額で売れることもあるというアドバイスを受けました。アパートの売却代金は、相続税の納税資金として準備しておくとともに、将来、駐車場に新たな建物を建築する際の資金の一部に充てることもできます。

　また、遺産分割についても気がかりです。最近、近所の人からも不動産をめぐって相続争いが起こり、裁判にはならなかったが、所有不動産を全部売ってお金で分けたという話を聞きました。一郎さんといえども、今どき、長男に全部相続させることはできないとは思っていますが、主要な不動産は長男である浩一さんに渡し、将来は孫の潤一さんに引き継いでほしいと思っています。そこで、潤一さんが大きくなったら、浩一さんや潤一さんとも相談の上、潤一さんを養子にすることも考えています。

　さらに、一郎さんは公正証書遺言を作成することにしました。しかし、具体的な分け方を考えると、どうしても長女の百合子さんへの配

分が少なくなってしまいます。そこで、一郎さんは、家族全員への愛情を込めて、遺言の最後に、そのような分け方となった理由を付言事項として書くことにしました。

　そして、一郎さんにとっては、何よりも妻の純子さんの生活が一番心配です。純子さんには金融資産を中心に相続させるとともに、常日頃から言っているように、長男の浩一さんや嫁の真弓さんに面倒をみてもらえるように付言事項にも書いておくつもりです。

　一郎さんは、日頃から長男である浩一さんにこの家を継がせるということを言っており、百合子さんも納得してくれています。しかし、百合子さんや孫の加奈子さんにも何かしてあげたいと思い、生命保険などで配慮するつもりでした。そんなことを考えていたある日、百合子さんから、子どもが大きくなってきたので、社宅を出てマイホームを買おうと思っているという話を聞きました。そこで、一郎さんは「直系尊属から住宅取得等資金の贈与を受けた場合の贈与税の非課税制度」と「相続時精算課税制度」を使い、マイホームの購入資金などに充てるためのお金を百合子さんに贈与することにしました。

　百合子さんは、親の援助や相続などをあてにしていないと言っていましたが、子どもの教育資金など、これから出費が増えるなかで、不動産ではなくお金をもらえたことをとても喜んでくれました。そして、知人の弁護士からのアドバイスもあり、遺留分を放棄することにしてくれました。

　こうして相続対策は順調に進みましたが、意外に問題になったのが、ハワイのコンドミニアムです。アメリカに留学していたこともある百合子さんのために購入したのですが、現在はほとんど利用していませ

ん。遺言で百合子さんに渡すつもりでしたが、日本の不動産と同じというわけにはいかないようです。海外の不動産の相続について知っている人は少ないのですが、幸い、いつも相談している専門家からのアドバイスを受け、なんとかなりそうです。

　一郎さんは、さまざまな対策を検討するうちに、「対策は100人いれば100通りあり、万人に共通な正解はなく、メリットがあれば、必ずデメリットもあるため、完璧な対策はない」という、いつも相談している専門家の言葉がなんとなくわかってきました。一郎さんは、自分や家族にとってより良い対策を、これからも信頼できる専門家と一緒に考えていくつもりです。対策には終わりはなく、世の中や家族の状況が変わっていけば、おのずと見直しも必要になるでしょう。

　一郎さんにとって一番重要なのは、不動産などの財産ではなく、家族の絆であり、子どもたちが一郎さんの気持ちや考え方を理解し、その遺志を引き継いでくれることです。また、不動産などの財産は、代々引き継いできたものですが、信頼できる専門家などの人脈は、一郎さんが築き上げたものです。子どもたちには、一郎さんの遺志を汲み、それらを有効に活用し、幸せな生活を送って欲しいと心から願っています。これからは、浩一さんや百合子さんにそのようなことを伝えていくつもりです。

— 数年後 —

すがすがしい秋空のもと、斉藤浩一さんの気持ちもすっきりとしていました。母親の純子さん、妹の百合子さんと久しぶりに近くの公園にきて、ベンチでゆっくりおしゃべりしていると、今は亡き父の一郎さんの言葉が心のなかによみがえってくるのでした。きっと、みんな

総合事例

も同じ気持ちだと思っています。

📖 関連対策編

1-①地価の動向、1-③なぜ生前に売却しないのか、1-⑤対策の手順・スケジュール、1-⑥現状の把握・分析、1-⑦財産3分法、土地3分法、1-⑧資産の組換対策、1-⑪総合対策の必要性、2-1-②価格を求める手法、2-1-③不動産の種類と価格、2-1-⑥地図、公図、その他の図面、2-3-②建築基準法（用途制限、建ぺい率・容積率）、2-4-❶-②建築計画（建物の用途）、2-4-❶-③事業収支計画、2-4-❶-④不動産の利回り、2-4-❶-⑥賃貸建物の管理、2-4-❷-①有効活用の概要、2-4-❷-②等価交換、2-4-❷-③定期借地権、2-4-❷-④オーダーリース（建設協力金差入）方式、2-4-❷-⑤定期借家、3-1-❶-②相続税額の2割加算、3-1-❶-④相続時精算課税、3-1-❶-⑤住宅取得等資金の贈与を受けた場合の贈与税の非課税、3-1-❷-①土地と建物の相続税評価額、3-1-❷-②賃貸建物の建築による相続税評価額、3-1-❷-④宅地の評価単位、3-1-❸-①配偶者の税額軽減、3-1-❹-①生命保険、3-1-❹-③相続税の物納、3-2-❶-①固定資産税、3-2-❷-②不動産管理会社の活用方法、3-2-❷-③不動産管理会社（所有方式）の特徴、3-3-③不動産売却の時期、4-2-①遺言の種類、4-2-②遺留分、4-2-③遺言の実行、参考知識4　所有者責任（土地工作物責任）、参考知識6　旧里道・旧水路、参考知識8　海外不動産の相続

参考知識 13 区分所有建物

区分所有建物とは、区分所有権の対象となる建物の一部（一戸）を含む一棟の建物全体をいいます。

この区分所有建物のうち、構造上の独立性と利用上の独立性を備えた部分を「専有部分」と呼び、区分所有権の対象としています。

また、区分所有者が共同で使用・利用するエントランスロビー、廊下や階段などを「共用部分」と呼び、区分所有者（すべてまたは一部）の共有となり（共有持分権）、専有部分と分離して処分することができません。

さらに、区分所有建物は敷地の上にあるため、各区分所有者がその敷地を利用する権利を有していなければなりません。この敷地を利用する権利を「敷地利用権」と呼び、専有部分と分離して処分することはできません〔図表〕。

区分所有法では、区分所有者は全員で団体を構成し、その団体の意思に基づき、建物ならびにその敷地および付属施設の管理を行うものとしています。この団体を、一般に「管理組合」といいます。区分所有者は当然に組合員になり、区分所有者である限り脱退の自由もありません。

〔図表〕　区分所有建物・敷地

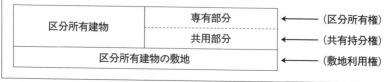

区分所有建物	専有部分	← （区分所有権）
	共用部分	← （共有持分権）
区分所有建物の敷地		← （敷地利用権）

不動産・相続対策のポイントを確認するための問題です。それぞれの記述が適切か適切でないか答えてみてください（わからないときは括弧内のⅡ対策編の各項目で確認してください）。

■ ○×理解度チェック

問1	一般的に、不動産対策は個別不動産の活用方法を検討する前に、まずは所有資産全体の現状を把握・分析することが重要である。　　　　　　（Ⅱ-1-⑤）
問2	一般的に、財産を預貯金、株式、債券の3つに分けることを財産3分法という。　　　　　　　　　　　　　　　　　　　　　　　　　　（Ⅱ-1-⑦）
問3	真実の権利を反映しない不動産登記の内容を信じて取引した者は、必ずしも法的に保護されるとは限らない。　　　　　　　　　　　　（Ⅱ-2-1-⑤）
問4	原則、不動産の売買において、通常の注意を払っても発見できないような隠れた瑕疵（欠陥）があった場合、売主はその瑕疵について過失がなくても責任を負わなければならない。　　　　　　　　　　　　　　　（Ⅱ-2-2-②）
問5	生産緑地地区に指定されている農地では、建築物の新築等には市町村長への届出が必要となる。　　　　　　　　　　　　　　　　　　（Ⅱ-2-5-②）
問6	所有土地に賃貸建物を建築した場合、自己資金を残して借入金で建てても、借り入れずに自己資金で建てても、相続税評価額は変わらず、相続税の軽減効果は同じである。　　　　　　　　　　　　　　　　（Ⅱ-3-1-❷-②）
問7	相続税の申告期限までに遺産分割されていない相続財産については、原則として、配偶者の税額軽減の特例や小規模宅地等の特例などの適用を受けることができない。　　　　　　　　　　　　　　　　　　（Ⅱ-3-1-❸-④）
問8	相続税を納める際、売却価格によっては、不動産の物納よりも譲渡税を支払って売却したほうが有利になる場合がある。　　　　　　　（Ⅱ-3-3-③）
問9	相続発生後、相続人の間で争いが起こらないように相続不動産を分けるには「共有」にするとよい。　　　　　　　　　　　　　　　　（Ⅱ-4-1-②）
問10	遺言には、付言事項として、財産の分け方だけでなく、財産を分けた理由や、家族全員に対する感謝の気持ちなどを書くことができる。　　　　　　　　　　　　　　　　　　　　　　　　　　　　　　　（Ⅱ-4-2-③）

ハイタニがこっそり教える
目からウロコの不動産・相続対策〈改訂版〉

平成21年12月22日	初版発行
平成22年3月8日	第4刷発行
平成27年2月12日	改訂版発行

編著者　灰　谷　健　司
発行者　加　藤　一　浩
発行所　株式会社きんざい
〒160－8520　東京都新宿区南元町19
電話　03-3358-0016（編集）
　　　03-3358-2891（販売）
URL　http://www.kinzai.jp/

本書の記述内容の変更等を行う場合は下記ウェブサイトに掲載します。
http://www.kinzai.jp/fp/index.html

装丁　久保田加菜子　　イラスト　松浦直彦
印刷　株式会社太平印刷社　ISBN978-4-322-12616-7

・本書の全部または一部の複写、複製、転訳載および磁気または光記録媒体、コンピュータネットワーク上等への入力等は、特別の場合を除き、著作者、出版社の権利侵害となります。
・落丁、乱丁はお取り替えします。